BOY TALK:

How You Can Help Your Son Express His Emotions

男孩情緒教養

引導他好好說話，遠離恐懼、憤怒、攻擊行為

by Mary Polce-Lynch

瑪麗・寶絲林區 博士——著　劉凡恩——譯

謹將此書獻給我摯愛的父母——
艾絲特・寶絲（Esther B. Polce）
與安東尼・寶絲（Anthony H. Polce, Sr.）

楔子

讀者和關心心理健康的人必須了解，此書雖然出現諸多人名、故事，其實我是以綜合經驗呈現，以尊重我諮商過的每位男孩及其家庭隱私。沒有一個名字或狀況會揭示任何真實身分。如有雷同，純屬巧合。凡有提及之受試者資訊，都曾獲得當事人同意。有些故事來自我個人生活，儘管事件為真，有些識別資訊仍經修改以尊重相關者之隱私。

• • • • •

二〇〇一年九月十一日，那個降臨美國的慘劇之後一週，我為此書進行最後校對。在那當下，實在太難專注心神，不僅如此，我也懷疑，在這麼天翻地覆的可怕事件過後，這本書可還具有任何意義。但隨著我跟全美無數心理學家一樣，在引導父母如何與子女談論這樁恐怖攻擊的過程中，一個訊息不斷浮現：父母必須傾聽孩子的想法和感受。這個訊息，連同看到許多女性男性在此悲劇中率真地流露情緒，讓我重新能夠專注此書。儘管生活中存在著恐怖主義——或許也因為如此，情緒相當重要，一定要被聽見。孩子是我們未來的領袖與外交人員，讓我們繼續不斷地支持男孩的情緒——戰爭時如此，和平時也如此。

目錄

推薦序

男生可以既堅強也敏感

你即將進入的這本書，包括非常實用的工具，讓你能協助男孩進入他們常感惶恐困惑的領域：自己的情緒與感受。而《男孩情緒教養》不只提供資訊，還邀你慎重地換一個角度思考男孩的情緒發展，激發你以更包容的方式與他們對話。

一本書要如何辦到這樣的目標？作者瑪麗．寶絲林區（Mary Polce-Lynch）透過發展心理學（developmental psychology）與心理治療（psychotherapy），針對養育健全男孩這項課題，提供了非常實用的獨特視角。她將氣質秉性、社會化、認知發展、情緒智力（emotional intelligence，又譯作情商）這些點串成面，教我們如何在男孩出生後的各個階段協助他們的情緒發展。在寶絲林區的指引下，我們也看到了文化上的潛規則，如何影響男孩分享——甚至自知——本身情緒的能力。

社會有一種普遍的錯誤心態，怕支持男生展現情緒會損害他們的男子氣概，那絕非實情。男生一定要很有男子氣概不然就是懦夫，《男孩情緒教養》質疑這種非此即彼的思維，讓我們得以克服，無謂擔憂。是的，男生可以既堅強也敏感，自在流露情緒也很有邏輯思考……完全無礙其男孩身分。

除了提供許多有用的工具，《男孩情緒教養》最可貴之處或許在於，它讓我們能放心與男孩談論他們的感受。你若決定要支持男孩們的情緒發展，不妨拿此書當教材。不論你對男子氣概有任何哲學性的看法，相信你都會在本書當中發現很實際的智慧，而那對養育男孩具有重大意義。

——麥可・古里安（Michael Gurian）

二〇〇一年十月九日

自序

真男人，從小必修的情緒學分

本書前幾章，為討論男孩情緒鋪陳了重要脈絡。題材十分廣泛，部分甚至略顯晦澀，但絕對有其必要。男孩情緒相當複雜：不只是感受，不只是生理知覺，也不只是腦袋裡的東西。此外，某些文化潛規則限制了男生對自身情緒的表達與探討，我稱這些潛規則為「兄弟規範」（Pack Rules），那不僅扭曲了健全的男子氣概，甚至可能導致男生情緒的「消失」。

前三章全面概括，其餘章節則介紹特定方法，修補抗拒面對男孩情緒的問題。這種文化上的抗拒已有幾個世紀，我認為有必要先認識全貌，否則，就像試圖防漏卻不去找漏水點。我不談有關這種抗拒的歷史分析，也不談整個生物分析，我想盡力提供心理教育方面的資訊，讓你思索男孩情緒如何重要，為何重要。

若你覺得哪個章節特別吸引你，儘管直接從那裡讀起。每一章都各自獨立，可以不按順序閱讀，但我建議你到某個程度就該去看前三章，因為那對男孩情緒的生物機制、社會化及發展，提供了一個簡單明瞭的概要說明。

為了強調男孩情緒的重要性，第一章談的主題就叫「為什麼男孩情緒很重要？」著手解開男孩情緒的桎梏。我先拉出影響男孩情緒的線頭，情緒生理學是當中很重要的一條，雖然這部分相當學術性，卻點出我們為什麼必須正視男孩的情緒。另一條重要線索，則是社會對於男孩表達情緒的抗拒，而這種現象似乎遍及各主流文化。

第二章與第三章重點不同，但有個同樣主題：社會化對男生情緒表達的影響。其中一個重要部分就在「兄弟規範」，一種局限性的行為密碼，想成為「真男孩」或「真男人」的男生就得按這規矩走。無論是否有意識地遵循，結果卻都一樣：男生往往拋下真實情緒，硬要表現出一種不健康而扭曲的男子氣概（亦即男生只可以有自信，絕不能感到畏懼）。我在第二章「男孩的社會化制約」有清楚說明，論及男生為了符合嚴苛的社會期待，常會試著讓自己的情緒「消失」，而有些人還真的成功了！

第三章「男孩的情緒發展歷程」，探討男生情緒的發展進程，從出生至青少年晚期；其中又特別著重在秉性（temperament，或譯作氣質）這個部分。不管你對哪個年齡層特別有興趣，這一章都應該從頭讀到尾，因為內容連續，如果只看一個年齡層，你會錯失某些訊息。要掌握全貌，你要連結每個年齡層，了解過去及未來，才能充分體會男孩的情緒發展，予以必要支持。就許多方面來說，第三章是此書基石，因為這裡描述了男生自出生到成年之初的不同情緒。透過本章，你將了解男孩過去到未來的情緒發展。

我們雖無法「看見」男生內在感受，卻可以觀察他們形諸於外的表現。第四章「攻擊行為與拐彎情緒」，描述健康與不健康的情緒表達各自是什麼模樣，後果又如何。其中含有近期一項研究結果，指出男生壓抑情緒的模式。這章也提到針對這項主題，以成人為對象進行的訪談回應，除了點出不同角度，或許也為如何改變現有模式提供了一些參考。

第五章「如何培養同理心」，不可不讀。體會自我感受與他人感受的能力，叫做同理心——那是發展健全人際關係的核心，也是讓人類有別於禽獸、機器的界限。缺乏同理心這項內在羅盤，男孩無法跟自己或別人建立起真正的關係。我認為，要先能同理自己，才有辦法同理他人。這裡深入探討了同理心如何發展，又如何從男孩身上被「捻熄」。這裡也提到種種提高男孩同理心之道，那或許是本章最有價值的部分。

第六章「如何健康地表達憤怒」以一個頗有修辭意味的問句展開：「男孩子的憤怒，必然會導致暴力嗎？」我認為這問題是有一個真正的答案，而那答案是：「沒錯，男孩子的憤怒將持續導致暴力，除非現況有所改變。」我在這章以一個模型，讓大家了解在恐懼（男生不被「允許」擁有的一種情緒）之下，男孩與他人發生的怒火與暴力。我稱這個模型為「恐懼↓憤怒↓暴力循環」。透過詳盡解說與圖表呈現，這個模型把男孩的恐懼憤怒，與能夠清晰自覺思考的重要性相連。確實，這樣的思考可以中斷暴力循環，因為那讓男孩有辦法自己做出決定，控制住脾氣，無須硬將怒火「消滅」或轉為暴力。

第七、八章是寫給所有能為男孩們當變革推動者的人——你我都是。第七章我專門討論父母在家能為男孩的情緒發展做些什麼。有些想法，可讓家庭成為男生自在感受、表達情緒的安全所在。有些建議，有助男孩長期發展穩健情緒，無論在家或學校，跟家人或跟朋友。父母在家所做的一切太重要了，這是男孩情緒開始發展的起點與依歸。

第八章則是寫給對男孩生命有影響力的男男女女，父母也應該一讀，因為其中描述了男孩周遭的大環境，能支持（或不支持）他們情緒的環境。針對寄養家庭父母、師長、教練、祖父母、叔伯姑嬸、舅舅阿姨、治療師、醫師、導師，以及男孩世界中，宗教或心靈方面的領航者，本章各有著墨。這些成人可在這裡找到實用的方針和建議，協助男孩們身心平衡地發展自我。重點擺在情緒表達，因為那能有效地讓男孩們知道：他們的情緒很重要。這部分也提供一些特殊建議，以強化表達技巧；像是以身作則，示範健全的情緒表達方式，並在日常生活隨時予以支持。

讓男孩同時保有真正情緒與男子氣概，就是此書最終目的。我希望你能跟別人探討男孩情緒這項課題。《男孩情緒教養》將是極有意義的一場對話。

第一章

為什麼男孩情緒很重要？

情緒不會讓男生變女性化，只會讓他們更富人性，

真正貼近自己，了解別人。

——約翰・林奇，《面具下的痛苦》（*The Pain Behind the Mask*）

四歲的傑若米活潑好動，老愛打他剛出生不久的妹妹。等他受到鼓勵講出這些字眼：「我很生氣，因為媽咪現在都不能陪我玩。」他那些攻擊性的行為兩天內就減少一半。他的父母簡直無法置信。過去幾個禮拜他們不斷叫他住手，但怎麼說都沒用。同樣地，當十二歲的麥可終於告訴爸媽，女友「甩了」他，他好難受；就這樣，他近日的暴躁易怒也消失了。一瞬間。爸媽也留意到，麥可臉上的肌肉線條發生變化，放鬆許多。就在他掏出心裡話之後。

辨識情緒，表達情緒，這是任何年紀都可以學的事情。小小孩用行為表達感受，因為缺乏言語技能。然而，只要學會適當字眼，兩歲小孩都會以感受性詞語代替行動。剛開始，傑若米跟麥可都以行動表達情緒，但由於父母的留意與回應，這種反應沒有持續太久。就是透過這樣的日常生活，男孩學到情緒這門課。教傑若米該說什麼來表達感受，聆聽麥可說出心裡的悲傷，這些小小動作卻有巨大的正面效果。

當情緒無法透過自覺的口語傳遞，就會尋找行為或身體當出口。確實，諸如頭痛、消化問題（「肚子痛痛」）這類症狀，常見於兒童與青少年。這樣的身心關聯逐日受到行為醫學（behavioral medicine）重視，所以這章相當比重就在探討「大腦—情緒—身體」之間的生理機制。

當泰倫斯・瑞爾（Terrence Real）向一位非洲長老請教「好人」的條件，長老告訴他：好人就是會笑會哭、能保護他人的人——而且是，適當時就這麼做。這種對男子氣概的包容觀點，截然不同於我們文化對男性情緒的限制。而儘管比起許多文化，美國人的情緒表達很明顯，但男生仍不像女生那麼受到鼓舞。你得先了解這種抗拒男孩情緒的現象，才能知道如何教他們正確技巧，有效指認情緒，自在表達。在我深談男孩情緒之前，有件事很重要：檢視情緒在人類經驗裡的概括目的。

需要情緒的目的

有文字記載以來人類就有情緒，也有各種表達方式，儘管如此，這個說法仍有不足。學者、醫生不斷探討情緒受到漠視的後果，努力描述各種技巧，協助人們有效、健全地處理情緒。若不明白情緒的目的，抗拒就會輕易占上風。一個例子就是，我們這文化如何悄悄忽視男孩的情緒，並且過度拒絕。

想想這個問題，人為何需要情緒？目的何在？答案之一是，情緒有助人類生存，激發最大潛能。在這個概括功能之下，我想，情緒至少有四種目的，牽涉到需求、認同、聯繫、思想。

情緒傳達需求。若不能以哭喊傳達不適，寶寶要挨餓。他們天生懂得辨識人臉、予以回應，也需要安撫。種種需求隨著年歲增加，情緒也在一生中持續反映其需求。

情緒界定個人。情緒是人生歷練的一部分，有助於打造個人的自我。每一個人經歷當下的方式，都是獨一無二。認識他人，我們主要藉由「看見」；認識自己，則透過「感覺」，這些感覺確認了我們這個個體。

情緒傳遞訊息，讓人相互聯繫。因為情緒，你知道你不孤單（或孤單）。所有人都有這類經驗，即便那有時是完全內在的。情緒使我們得以與人相通，人生更有意義。

情緒與思想整合。有些學者認為，有思想就必然有對應的情緒。人體各種功能中，這種強大的合作，使情緒能幫助（或干擾）記憶和其他認知能力，讓我們得以調整情緒。

男孩長成怎樣的男人？

如果男孩不能表達需求，不能充分理解自身的特殊性，與他人沒有連結，思維與情緒沒有合一，他們的人生會怎樣？假如上述某些或全部為真，這男孩就得刻意地自給自足，絕不開口求助；他們會對基本的自我和能力覺得恐懼懷疑；他們會感到孤獨，對生活裡的事件，只有不完整的回應（缺乏情緒的反應）。

確實，研究男性的許多學者認為，很多男孩的確就是如此長大成人。男人發現自己與他人格格不入，無法確認或是表達情緒，常抓不住自己思維與情緒之間的聯繫。這些問題，並非來自男子氣概本身，而是來自想要表現所謂男子氣概的樣子（亦即：堅強、獨立、喜歡競爭、不動感情等）。在我們這個文化，矯健活躍或養家活口，也被視為男性氣魄的表現及性別角色。這類陽剛表現對男孩很重要，對我們這個社會亦然。

事情演變下來，卻出現扭曲，一種就是：「堅強」跟「不談感受」不僅謬誤地成為同義詞，還跟男子氣概劃上等號。我不認為那是男子氣概，那其實是男子氣概的反面。這種對男子氣概有欠彈性的認知，還有繞著這些認知形成的規範，這在男孩裡非常常見。簡單說，女孩可以既陽剛也女性化，但男生就只能陽剛。遵守這般嚴格規範以求融入或被接納，許多男生就失去體驗及表達更完整的人性舉止和特質（亦即：撫育小孩、脆弱、相互依賴、情緒性等）。結果就是，男孩可能長成一個失去某些人性的男人。

對男孩情緒的抗拒：掀開恐懼

對男孩情緒的抗拒無所不在，無人不受影響。每當我談及此書主題，便可見到無論父母、同事、女孩子、女人、男人，全都顯得頗不自在（唯一沒有因此不自在的只有男孩——實際上他們顯得鬆了一口氣）。抗拒最強的，是男孩的父母親。那就好像，把「男孩」跟「情緒」兩個名詞連在一起是不妥當的……或違背了某種潛規則。

起先我很驚訝，等我想到主宰男孩應如何處理情緒的文化潛規則，便恍然大悟。當我訪問男孩們的爸媽，我才深深了解，男孩情緒對父母的意義。看來，父母的抗拒主要來自一種憂慮，他們擔心兒子若表達出情緒，不知會發生什麼事情；他們想保護兒子，不要因為不夠陽剛而受排擠、嘲笑等霸凌。每個人都曉得，「不夠男子氣概」（以狹義的男子氣概為尺度）的男孩，總掉在同儕尾巴，無論身體上或心理上都很容易受到傷害。

當然，文化定義了男子氣概。在美國，男孩表達情緒的尺度就是比女孩嚴格，當這文化把喜怒不形於色視為一種陽剛特質，也就不足為奇。所以，雖說父母是出於善意，想保護兒子不被別的男生嘲弄，但不幸地，他們對兒子情緒的抗拒，只會讓這整個循環持續不停。從下面幾則故事可以看出，這種抗拒的循環如何對男孩造成不良影響。

小硬漢傑若米

聰明、能言善道的山姆有兩個兒子，史蒂芬十五歲，傑若米十四歲。山姆很了解，男孩能適度表達情緒很重要，但在養育兒子這件事上面，他卻循著父母怕兒子被排擠的本能走，而沒呵護傑若米情緒的表達能力。山姆這麼解釋，他「明智地決定尊重傑若米的性情」。另一個兒子史蒂芬天性敏感，總能輕易流露心情，傑若米則幾乎喜怒不形於色。不僅如此，傑若米在幼兒園一起互相打鬧長大的男生好友，都跟他一樣，看不出情緒。大家都叫這幾個男孩「那一夥」，直到中學仍來往密切。

我仔細聽著山姆回憶幼兒園時期的傑若米，如何停止跟他們夫妻親吻道別。山姆和妻子泰莉總欣羨地望著其他小女生自在地親著爸媽說再見，小男生們則沒有。他們那小硬漢兒子才不來這套，「那一夥」的其他人也不。山姆夫妻沒有堅持傑若米跟他們親吻道別，而是尊重兒子不想在眾目睽睽下流露真情，因為他那一夥不贊同這種行徑。於是就在幼兒園的那個秋日，公開表露心意之舉從此告終。不幸地，傑若米在家也愈來愈不見情感交流的動作。

對山姆與泰莉來說，捨棄傑若米的肢體親近是一種犧牲，因為兩人都是情感外露之人。他們很愛跟那「敏感的」老大摟摟抱抱，後者也很喜歡這類真情動作。就像山姆夫妻所言，傑若米跟他那夥朋友，只是性情不同。某種程度這也許沒錯，而這種性情卻不代表他們的情緒不重要，這代表他們的情緒表達比一般人困難。

討論期間，我喃喃說出腦中想法：無法自在地流露情感，那對一個四歲小男生是什麼樣的感覺呀？尤其對他父母，他那麼深愛的父母。說完後三人安靜了一陣，然後山姆先回應說，他們（身為父母者）是尊重兒子的界線。在他們看來，若勉強當時四歲的兒子跟他們親吻道別，既不適當，他們也做不出來。沒錯，尊重界線的確是發展健全自我的重要後盾，但是，感受與表達情緒的能力也很重要。霎時，我們似乎都明白發生了什麼事。山姆和泰莉只是做了絕大多數父母會做的事，他們抗拒去鼓勵兒子表達情緒。如果他們曾鼓勵兒子這麼做，他今天的舉止就不會符合「兄弟規範」。

野蠻小孩米琪拉

米琪拉一家住在山姆家附近，她父母分享了一則結果不同的類似故事。米琪拉四歲開始就拒絕再跟爸媽親吻，不管在幼兒園還是家裡。她父母形容她就像個野蠻小孩，見人要抱就趕緊逃開。這對父母跟山姆夫妻一樣，選擇尊重女兒界限，不強迫她表達真情。而等她長大到八歲時，忽然又開始自在地擁抱親吻老爸老媽，還持續到中學。究竟是什麼造成這種差異？

孩子是怎麼學會情緒表達的？

當然，人格特質或舉止行為，是不可能找到單一甚至幾個原因來充分解釋。儘管如此，發展心理學理論仍提供了一些參考。或許下面這些理論有些抽象，但我仍相信它們能作為男孩情緒發展的有效指引。

發展層面

發展心理學一個大致信條就是「持續與改變」。有些特質、行為隨著終生發展而持續，有些則會改變。由綜合互動理論（transactional theory）與基因環境理論（genotype-environment theory）可知，孩童發展改變，環境也會改變，兩者將始終互為影響。小孩的發展（認知、情緒、氣質等）誘發周遭（父母、家人、同伴、學校等）特定回應，相對地，周遭回應也會影響孩子的發展。隨著年紀漸長，孩子仍會繼續影響周遭，過程持續來回。這樣的互動是在特定文化或脈絡之下，而這文化脈絡又型塑孩子周遭環境跟孩子的反應。這似乎有些複雜，我卻從中看到希望：孩子跟環境，是可以共同持續發展及改變。

應用理論

現在，我們就把這理論架構放在米琪拉跟傑若米身上。當米琪拉堅持不流露熱情，她爸媽（米琪拉周遭一部分）也照樣回應，不予勉強，米琪拉就繼續下去。然而她父母並未如山姆夫妻對傑若米那樣停止表現愛意。他們不勉強女兒，但仍持續對著女兒「拋出」飛吻跟擁抱，晚上在家如此，早上去幼兒園如此，後來上了小學依然如此。他們也互相以帶著深情的暱稱叫喚彼此。家庭環境給米琪拉的回應，不斷鼓勵著情感的表達，卻也充分尊重她不想被親被抱的意願。

米琪拉跟傑若米拒絕情感表達的結局，顯然大不相同。一開始，兩人也許因為性情或感覺統合，不喜歡肢體表達情感。究竟他們身上哪個部分造成這種抗拒，很難說。而後來，是不是爸媽跟同伴們的回應，造成他們對情感表達產生轉變，也很難說。

可以確定的是，米琪拉終究又開始對父母表達愛意，傑若米沒有。如果米琪拉的爸媽當初沒有持續對她送出愛意，覺得「這孩子就不是那種敏感個性」，她的行為說不定也不會改變，就跟傑若米一樣，始終不再流露熱情。但若情緒發展是個終生持續的過程（它確實是的），就有無數機會改變家庭環境，讓傑若米這類孩子體會知覺感受、傳達情意的美妙。

面對恐懼

審視米琪拉和傑若米的情況，我覺得最清楚的部分是兩邊父母的心態。他們都想做對孩子最好的事，而所處的這個文化，則對男孩女孩的情緒表達有著不同的規則。恐懼就從這裡開始。社會的壓力，讓父母怕兒子會被視為「情緒太敏感」，兒子懦弱，對他自己不利，父母也會難堪。女生的父母就不同了。不像傑若米的爸媽，文化予以米琪拉的爸媽較多的包容，讓他們在女兒整個童年時期可以繼續「追求」她的感情。

哪個孩子的人生會比較豐富甚至比較健康，很容易判斷。恐懼如何造成父母抗拒兒子的情緒表達，也不難看出。我相信，那些想讓「敏感」兒子「強悍」起來或把兒子歸類於粗野型的，都是很好的父母，動機極其良善。然而我也相信，就是這種恐懼，使爸媽沒有想到兒子情緒的重要性。

望遠傾向

有些父母的恐懼也許出自「望遠」的傾向。我用這名詞，形容父母望著此刻的孩子，卻看到將來的他們。舉例來說，一個愛哭的三歲小男生，爸媽可能擔心他上中學會是一個「愛哭寶寶」。這種望遠父母沒以當下的他（年幼脆弱的三歲）看他，沒以這年齡需要的方式適當回應，可能會刻意不予理會來強化兒子性情。如果拿開這望遠鏡，他們就會發現，依發展需求來說，回應一個愛哭的三歲男孩，首先要安撫他，然後教他怎麼安撫自己，讓自己平靜下來（養育情緒健全的女孩也是如此）。但很多父母因為怕兒子長大「太敏感」、懦弱，一心只想鍛鍊他們。

望遠對孩子絕對不公平。跟自己三歲時相比，每個人都大不相同。但讓望遠產生的恐懼卻毫無理性。哪個父母不熟悉兒子表達情緒會遭遇的文化懲罰與排擠？尤其柔軟脆弱的情緒。父母的恐懼，就是源於文化上一種普遍堅定的信念，認為男孩的情緒根本沒有必要甚至最好不要有感受、不要表達出來。這種信念與我接下來要詳細討論的「兄弟規範」完全一致。

指認抗拒

探索父母對男生情緒的抗拒，真正問題不在——米琪拉爸媽跟傑若米爸媽不同的作法造成怎樣不同程度的情緒表達。真正的問題在於：男孩的情緒是否重要？如果是，父母與所有在乎的成人就必須克服恐懼，多去關心他們的情緒。父母、祖父母、老師、教練、朋友……所有人都要。

這種文化上抗拒男生表達情緒的現象，抵制了男生表達——或只是去感受——他們的情緒。這種抗拒必須正面積極處理。文化上的抗拒，需要反文化的回應，也就是鼓勵、幫助男生，去感受、擁有、表達原有情緒。再說，當男生的情緒面受到忽視或教導，那些自身陌生的情緒就會透過不健康的管道浮現，像是肚子痛、無動於衷，甚至攻擊行為。

我們如何又為何感受情緒？

要討論情緒，情緒的生理學非常重要。為什麼？一個原因是，由於生理學的影響，抽象經驗

——例如轉瞬即逝的某種感受——才得以比較具體。第二個原因是，當我們理解情緒生理基礎，就比較不會認為男生的情緒不重要。事實上我們整個人體設計都是為著情緒的喚起與回應。因為人體本就有感受情緒的設計，男生又有著軀體及情緒，了解情緒設計的複雜生理便有所助益。

這部分的概論，主要是點出情緒行為的複雜性，並不打算太深入。當你對情緒的生理機制有些認識，就比較能夠理解為什麼男孩生氣時很難跟他講理，協助他們表達難過，為什麼對他們的身心健康很重要，鍛鍊身體為什麼有助調節情緒。

雖然我試著讓以下的資訊容易讀，還是難以避免不少科學界的「行話」。若碰到什麼科學名詞阻礙你閱讀時，請儘管跳過。有時甚至可跳過整個段落只讀摘要即可（「藏在面具底下的生理學」）。而在你跳過之前，請了解我之所以包含有關情緒「設計」這類資訊，是為了強調人類情緒這項事實。文化中不讓男孩感受或表達情緒的壓力這麼大，我想，我們必須採取同樣強大的反制：踏入科學！

感受的生理學

情緒一詞源自拉丁文，意謂「行動」。心理學中，情緒代表感受、生理反應、行為反應模式。有關特定情緒位於大腦及全身（沒錯，情緒遍及在你整個身軀）的研究文獻很多，多數人對中樞神經系統很熟，卻不知道這種渾身都有的「第二神經系統」。後者是由許多配體到受體（ligand-to-receptor）的迴路所組成。

配體是化學訊息傳導物，主要成分為蛋白質，攜帶訊息到全身各個器官的細胞。受體即這些細胞接收訊息的特定空間。絕大多數情緒資訊與身體各器官之間的溝通，可能就由這些配體到受體迴路負責。胃裡存在大量的情緒受體，難怪緊張的孩子會肚子痛，我們偶爾也會有所謂的「腸胃感受」（gut feelings，即「直覺」）。

許多備受尊敬的神經學家曾進行研究，設法標出人體這類情緒迴路系統。關於這「大腦—情緒—行為關聯」，截至目前為止我看過最有說服力的研究，來自腦部手術病患。這些患者接受腦部手術時仍保持清醒，之後他們描述在手術刀下的經歷。舉例來說，當刺激大腦皮層某個部分，病人說會感到憤怒或恐懼，很有可能，腦部這個部分正負責這些情緒的升起。

情緒如何運作？

目前對大腦—情緒—行為關聯的所知，約可比擬為電腦運作。中樞神經系統與自主神經系統，就好比電腦的硬體。電腦的中央處理系統，如同大腦邊緣系統（limbic system），邊緣系統包含幾種結構：杏仁核、扣帶迴、丘腦、下視丘，及彼此各種連結。行為與刺激啟動這個系統，影響內分泌與自主神經系統。再用電腦譬喻，我們的經驗行為，就像我們載入電腦硬體的軟體，訊息透過神經傳導物質及荷爾蒙迴路，送到體內各處的接收站。

杏仁核被認為是負責處理憤怒與恐懼，正面與負面情緒都由扣帶迴處理。雷杜克斯（Joseph LeDoux）主導的研究也認為，前額葉皮質（大腦負責思考推理的區域）與邊緣系統跟情緒有關。這些部分都從接收到的感官資訊（視覺、聽覺、觸覺、動覺、味覺），去處理情緒反應。所以，如你所見，大腦每個架構可能各有特定功能，也以複雜方式與其他架構相互連結。

特定的大腦─情緒─行為關聯迴路：我們如何感覺？

前額葉皮質與邊緣系統的連結是重要介面。怎麼說？因為思考與感受就是在此相連。男孩的大腦與所有人的結構一樣，有意識的思維會影響情緒之生理面，反之亦然。由於這個介面，男孩絕對可學會情緒智能技巧。簡單說，這個介面有助於男孩理解及控制自己的情緒。

自主神經系統是影響人類情緒的重要迴路，它透過兩個獨立系統運作：交感（sympathetic）與副交感（parasympathetic）——有沒有注意到，兩個字當中都有「同情」（sympathy）這個情緒字眼。交感神經系統刺激心跳、血流、肌肉能量。你害怕上台講話或每天必經之路上那條羅威納犬？恐慌時那種生理感受（口乾舌燥、胃裡翻騰、心臟要蹦出胸口），都是來自交感神經的訊號。當你感到害怕，它自動送出化學訊息至全身，啟動反應，那完全是恐懼的「感覺」或情緒。

副交感神經系統恰好與這快速夥伴相反，它減緩心跳，降低血壓，安撫緊張腸胃。當你覺得身體放鬆，是因為一堆化學訊息的複雜組合，啟動了你的副交感神經系統，這個系統是「鬆弛反應」的重要關鍵，也能減低長期壓力對人體的負面影響。

除了自主神經系統與它的兩個子系統（交感神經與副交感神經系統），調節我們情緒反應的還有一個重要系統：內分泌系統。內分泌腺分泌出荷爾蒙，由血液、淋巴系統或神經細胞帶到目標器官。內分泌腺包括腎上腺、甲狀腺、副甲狀腺、腦下垂體、下視丘、松果體、胰腺、睪丸、卵巢等。

情緒運作

現在，我們來看看自主神經系統跟內分泌系統，在真實情境時可能怎麼合作。假設一個年輕男孩被人拿球朝他的臉上砸過來，他的自動交感神經系統反應將顯示他的痛苦，心跳加速，血壓飆升。腎上腺把大量精力送至肌肉，以便反應。若所有系統發揮得宜，便啟動了眾所周知的交感「打或逃」反應。

臉被砸的疼痛震驚，加上體內這麼多訊息激盪發生，若這男孩痛哭、逃開或反擊，不會令人意外。而當這些生理機制被啟動，他如何反應就視個人秉性與社會制約。有些男生反應激烈，有些則不。但無論天生性情如何，年紀愈長的男生，愈可能隱藏起真實感受。

在這情況下，受傷與威脅感啟動這男孩的交感神經系統，若要放鬆，他需要安撫，需要某種安全感激發他的副交感神經系統。若有感受安全的能力，更能充分沉浸於使人放鬆的副交感神經系統，讓他心跳減緩、血壓降低，內分泌系統也阻止了腎上腺素噴發。恐懼→憤怒→攻擊循環幾乎是全自動，要協助男孩打破這個制約，啟動副交感神經系統顯得格外重要。

細看化學訊息傳導物

詹郎二氏情緒論（James-Lange theory）主張，我們體驗到的情緒，來自大腦邊緣系統調節的生理回饋，產生行為反應。生理、腦部結構及行為反應之間的關係，取決於透過化學訊息傳導物溝通的細胞。化學訊息傳導物有幾種不同類型，就目前所知，其中兩種跟情緒有關，分別是荷爾蒙與神經傳導物質。

稍早提過，荷爾蒙從內分泌腺釋出，由血液送到布滿全身的受點（receptor cites，包括壓力荷爾蒙與性激素）。神經傳導物質是大腦釋出的化學物質，包括血清素、多巴胺、腎上腺素、乙醯膽鹼，腦部的受點偵測這些化學訊息。大腦這種化學活動，顯然是情緒起伏的一大關鍵。

此外，全身的細胞都有不同受點。以胃、肩膀、背部、胸部的細胞來說，情緒受體含量較高。大腦邊緣系統的其他區域，例如下視丘（與記憶相關），有種類繁多的受點；而杏仁核（與恐懼、憤怒相關）細胞的情緒受體類別較少，但濃度較高。根據一項估計，當你意識到某種情緒，那資訊的百分之九十八是來自全身各處的細胞，而只有百分之二是來自大腦受體。

會送出什麼樣的化學訊息傳導物，似乎取決於你從周遭得到哪種訊息。舉例來說，某個事件可能會刺激杏仁核，讓你感到憤怒或恐懼。另一事件則可能刺激扣帶迴，讓你感到快樂。可以確定的是，由這些化學訊息傳導物搭配而成的精細複雜脈絡之下，衍生出各種情緒。

當感受變得陌生

大致說明了「硬體」及「軟體」後，必須思考這個問題：當男生學會關掉感受會怎樣？把情緒旋鈕關掉，會導致我們熟悉的行為。我心中浮起許多男孩的聲音，尤其在諮商展開初期：「我才不在乎呢！」（秀出在學校被霸凌後的瘀青之後）；「對我沒差啦！」（父母離婚後）；「那是我碰過最好的一件事。」（回憶小時候繼父揍他）。

情緒能量必須找到出口

之前那幾則案例中的男生，真的可能沒感覺到恐懼或憤怒。若長期予以漠視，不再感受某種情緒是有可能，但你現在也知道，當環境有刺激因子，化學訊息傳導物跟神經迴路，會在我們體內製造一連串生理反應，也就是說，這些生理能量必須有地方去。我相信它們要不就「拐彎」表現出問題行為，要不就身體出現徵兆。

此書許多男孩的例子也確實反映這種模式。真實情緒被自己與其他人忽視不管——後來卻以不同形式浮現，出現不健康的徵候。

另一個重要問題是：在情緒訊息不被理會之下，能夠平撫男孩情緒的副交感神經系統怎麼辦？一個綜合的答案：這些男生關掉了身上非常重要的一個部分。無論上學或是運動，冷靜下來、自我控制，都是男孩子學習、專心以致與人相處的基礎核心。對自己情緒沒感覺的男孩，可能比較無法啟動副交感神經系統，就比較無法冷靜下來。男孩跟所有人一樣，要能夠感受情緒，才能藉此內在信號調整情緒的生理面向。

關掉男孩情緒迴路——再打開！

若情緒迴路是要讓我們感受情緒，只要一切運作得當，那麼，因為爸媽離婚而傷心害怕的男孩，一定會感受到這種經驗。但文化制約也會影響生理及思考。學會漠視感受的男生，會讓他的大腦—情緒—行為系統「短路」。他會錯誤解讀內在信號，對所謂正常或健康產生扭曲判斷。舉例而言，男孩若不斷壓抑哀傷，可能會適應這種狀況；原本該流露難過後回到正常（不再難過）狀態，現在則一直停留在難過狀態，甚至變成憂鬱。恐懼與憤怒也可能一樣，除非男孩子了解自己感受到這兩種情緒並懂得適度表達，否則神經系統會持續燃燒，對他們產生負面影響。

基本覺察能有助益

要能控制情緒，必須先覺察自己的生理狀態、情緒及思維。若男生停止去感受自己的情緒，就無法平撫自己，這類男生可能因為無法安靜坐著而被說是「躁動」或「長不大」。這些漠視自己情緒的男生，常出現注意力不足與行為問題，主要便是他們不懂如何調整情緒。

好在，男孩子有辦法學著調整情緒。這需要採多系統（multisystem）手法。整體而言，我們必須了解：思考與行為會影響大腦和身體的反應。認知解釋（思考）是大腦—情緒—行為迴路很重要的一環。這包括男孩可試著跟自己情緒溝通的方式。比方說，試著告訴另一個同學：「午餐時你取笑我讓我很生氣，別再那樣。」就是透過講理的憤怒，而拿課本痛擊別人腦袋，就不是。

互相作用

接下來幾章包含很多特定方法，教男孩怎麼調整情緒，而非被情緒挾持。在此，先要了解「全貌」。多數人知道大腦會影響行為，卻很少人想到，行為跟經驗會影響腦部的運作及回應周遭的方式。長久以來，科學家早知道環境經驗（environmental experiences）會影響大腦，一般大眾對此接受度較慢，我不明白原因。但大腦與環境之間的關係，絕對是雙向性的（亦即互相作用）：

環境 ←→ 大腦

（情緒及身體）　（行為與經驗）

此種雙向關係對男孩情緒格外相關。怎麼說？你想想看，若男孩很小就學會隱藏情緒，這項行為極可能對大腦—情緒—行為迴路，產生生理上的影響。簡單說，男孩子就可能學會如何不感受到自己的情緒。一種被稱作情感失語症（alexithymia，「無法形容感受」）的心理狀態，出現在男性身上比女性的機率為高，意謂成年男性把這門課學得很好，他們不僅不再分享感受，甚至停止去感受。他們不再能夠指稱情緒——連對自己也不行。

躲在面具底下的生理機制

所以說，男孩的情緒，就跟身體裡的臟器一樣真實。如果一個十二歲男生被一顆棒球重擊，或受到肢體威脅、霸凌、憤怒目光、社交排擠，他會感到威脅或憤怒，大腦立即傳訊給胃部受體。荷爾蒙跟神經傳導物質積極工作，加速細胞對細胞、器官對器官的溝通。交感神經系統啟動，男孩的肌肉繃緊，呼吸加重，大腦邊緣系統、自主神經系統、內分泌系統之間的神經化學活動，極度活躍，大腦—情緒—行為迴路啟動，副交感神經系統提高警覺準備回應，讓一切平靜下來。

男孩的表情也許沒透露這些。如果你問他有什麼感覺，他可能說：「沒事。」你若再問：「你還好吧？」他會說：「還好。」而他可能並沒撒謊。因為也許他真的沒感受到任何一點生理活動。當男孩的情緒不受重視，就會產生這種情況。

情緒智力技巧

梅爾（Mayer）與沙洛維（Salovey）合創了一個理論模型，以了解情緒智力技能。他們界定出四種廣泛的技巧類型，可讓你了解男孩需要的情緒技巧，包括：㈠覺察及表達情緒；㈡整合情緒及思考；㈢分析情緒；㈣調整情緒。

一、覺察及表達情緒

能正確地辨識及表達自己情緒、解讀他人情緒、感受抽象形式（如藝術、文學、音樂等）傳遞的情緒，是很重要的能力。要能敞開自我，男生就要能從這所有面向看待情緒，若無法覺察當中任何一塊的情緒，將造成某種重要經驗的斷鏈。感知他人情緒，這種人際層面對學校和家庭生活絕對影響深遠……懂得正確「解讀」旁人感受的男生，比較能與師長同儕相處愉快。所以說，男孩了解本身與周遭他人情緒的正確性很重要。練習愈多，愈能正確判讀。簡單講，男孩要能表達出需求，就得懂得覺察感受。了解自身情緒的能力，又跟了解他人情緒的能力息息相關。

二、整合情緒及思考

整合指的是，了解自己情緒，有助於整理思考，提升判斷、記憶與表現。「我這次真的很想考好，所以我要去念書，不能再看比賽最後一節。」跟「我不想被退學，所以我不能再讓瑞克激怒，失去控制。」就是兩個整合情緒思考，提升判斷的例子。

情緒狀態也會影響思考及表現，就像當男孩心情好時，創意或生產力都會更高。同理，當他心情低落，就不想念書或寫功課。心情會影響思考，思考也會影響心情。悲觀及樂觀常在這雙向道上遊走。

這種自動整合思考和情緒的能力，是發展認知能力過程衍生出的情緒能力。了解思考與情緒之間的關係也是。一個兩歲小男生顯然沒辦法說服自己別再哭鬧，儘管他知道這樣也得不到玩具。而隨著額葉皮質（較高層次推理的位置）持續發展（直到將近十八歲），男孩將一路「搜集」到更多推理能力。當認知跟情緒互相整合，就擁有較多資訊作出充分而健全的決定。

三、分析情緒

指稱複雜情緒與判斷各種感受及經驗之間的關係，這種能力會隨著年紀與練習拓展。舉例來說，七歲大的米奇在爺爺無法如常帶他進行週日釣魚活動時很難過，但他也了解爺爺生病了。三年前的米奇，就只會覺得生氣或傷心。大部分的關係都牽扯到多種情緒，層層堆疊。「爸，我很生氣，但我仍然愛你。」或「媽很愛我，儘管她現在在生我的氣。」就是很好的例子（你可以看到，這跟整合技巧有關）。

分析複雜情緒的能力，另一個面向牽涉到預期情緒可能會轉變。情勢轉為安全，恐懼變成放鬆；考慮到另一人的立場，憤怒變成同情；一項報告受到讚許，焦慮瞬間變成驕傲與歡喜。由於這種分析預期上的轉變需要抽象認知技巧，較年幼的男生通常無法自己辦到。但就像許多情緒技能，這可透過教導學習。這樣的心力絕對值得；能意識自己同時感受到愛與憤怒，是精神健全的一項標記。

四、調整情緒

懂得調整情緒，是成熟的象徵。那涉及觀察自己的正反情緒，思索應如何妥善而充分地表達。若一個男生不斷壓抑正面或負面的情緒，他將不再感覺到它們（參見前面的生理機制）。男孩要能夠調整、控制情緒，做出明智反應，首先就要能感受、理解、分析這些情緒。

控制負面情緒及享受正面情緒，這是最終目標。有效的情緒調整，要能隨時強化、維持、控制情緒。一個非常生氣卻沒有爆發的男生，或一個熱切期待眼前的學校舞會卻仍能專注完成科學報告的男生，就是能有效調整自己的情緒。

不同「類型」的情緒

看到這你可能在想，那什麼是基本情緒？理論家、醫師、研究者對此各有不同見解。儘管很難肯定新生兒有何感覺，近期的發展心理學者主張，嬰兒在兩個半月前，會表示出興趣、焦慮、厭惡、滿足；兩個半月到七個月大，原始情緒有憤怒、傷心、愉悅、驚奇、害怕，這些原始情緒幾乎同時出現；等到一歲大，第二階層的情緒來到，包括驕傲、羞恥、罪惡、羨慕。

所有人都歷經各種情緒，也多能做出區分。而這段標題「不同『類型』的情緒」之所以用上引號，是因為心理學家理論取向、研究目的與應用，確實有所不同。舉例來說，海蒂・卡杜森（Heidi Kadusan）——臨床心理學家暨遊戲治療師——堅持，接受諮商的兒童至少要能表達出四種情緒：快樂、哀傷、憤怒、害怕。

其他的心理治療師則認為，應該再加上「受傷」。「他傷了我的感情」——這經驗如此普遍，任誰都懂，無須科學解說。我們往往打從胃部或胸部（多虧情緒受體）澈底感到這種痛楚，這句話確實捕捉住情緒與生理的真實體驗。而每當我深入探討，卻總發覺藏在受傷底下的恐懼。

顯然，情緒究竟「像什麼」，要看年紀、個人秉性等內部因素而定。隨著兒童長大，外部因素將型塑情緒表現，像是同儕表達規則（display rules）與特定處境。此書再三強調，男孩們情緒受此影響之深，有時甚至看不到他們的不同情緒。

挑戰男孩「情緒不重要的信念」

最近的研究指出，感受與表達出情緒，不要壓抑或讓它們「消失」，對健康非常重要。舉例來說，理查茲（Richards）與葛羅斯（Gross）進行一項研究，比較表達情緒跟壓抑情緒對於記憶的影響。這些學者得出的結論是，長期刻意隱藏情緒，像是憤怒、焦慮、哀傷等，會導致分心，損害推理能力。

另有兩項關聯度很高的研究，評估隱藏強烈的負面及正面情緒產生的生理影響。第一個研究記錄人體在隱藏情緒之下的心血管系統變化，這些變化並未出現在沒有隱藏情緒的對照組身上。另一項研究也觀察到類似的生理變化，該研究要求參與者隱藏憎惡不滿；研究觀察到這些人的身體活動與心跳減緩，眨眼與交感神經系統活動增強。

情緒研究對男孩的意義？

根據研究，壓抑或隱藏情緒會干擾思考、記憶與身體健康。所以，當男孩讓情緒「消失不見」，他們可能會體驗到負面的生理影響。從情緒的生理基礎看，這確實頗有根據。需要格外強調的是：干擾思緒和健康的，並非情緒本身（就像《星際爭霸戰》（*Star Trek*）裡的史巴克先生講的）；真正的干擾因素，是欠缺情緒表達。

過去這十年，醫學界頗留意情緒表達與身體健康的關係，及情緒與生理毛病的關係，包括焦慮、憂鬱、行為障礙。雖說這些研究結果並不能推及所有的男孩，卻可啟發我們，思索情緒若無法表達會有什麼結果。壓抑情緒、認知功能、健康之間有著明顯關聯，無庸置疑；而壓抑情緒跟男孩常被診斷出的違常（像是注意力缺失／過動，學習障礙，藥物濫用）之間，則有待更多研究探討。

結語

前不久，我在少棒賽看到一個六歲小男生被投手一個壞球砸到臉。他放聲大哭，因為實在太痛，痛到了極點，他忍不住朝他父親跑去。我瞧見這位父親把兒子抱在懷裡輕晃，在他耳邊輕聲說著安撫的話語。感覺「好多了」，這受傷男孩幾秒內止住淚水。等父親把兒子放回選手休息處前的草坪，小男孩急切地跑回場內，再度準備投身比賽。完全沒事了。

看著這位父親半空中安撫兒子，我在想，這小男孩並沒有聽到什麼「大男生不哭的。」或「沒那麼嚴重，不會痛啦。」或「好了好了，趕快回球場比賽！」他被允許去感受跟表達他的痛苦，被允許受到安慰。寫到此，我想起我在諮商過程遇到的許多男人與男孩，已經不知道怎麼哭，或怎麼接受這樣的關懷，他們早學會讓感受消失。就像八歲的巴比，爸爸過世，他說他不哭……或十一歲的麥可，最要好的朋友教他「學會不哭」的方式是，把他推倒在地，一而再再而三地重複，直到他受傷也不掉淚。

若說情緒存在的目的之一是，顯示人性的基本需求，就不能忽略這些信號。下一個合理步驟是將那些需求傳達給能回應或協助的人。對男孩來說，斷鏈往往就在此發生。男孩需要能透過合理方式來表達情緒，管控情緒。女孩跟大人也一樣，但男孩承受的情緒表達原則如此嚴苛，所以他們能盡情表達情緒的方式與處境，自然很不公平，甚至可說十分殘酷。

要挑戰男孩情緒不重要這個觀念，有違主流文化之常理。這種挑戰讓父母焦慮，他們不希望教養出一個「不夠陽剛」的兒子，導致兒子遭受排斥。他們擔憂，若鼓勵兒子的情緒發展，會讓兒子成為同儕眼中的膽小鬼、媽寶或太娘。而世上所有科學研究，卻都無法說服這些父母接受他們直覺相信的一點：男孩子的情緒很重要，周遭環境仍有欠公平。

可喜的是，情緒表達是很容易教導的技能。父母師長都要懂得，如何讓有感受也能夠表達情緒的小男生社會化——在較大的男孩已學會讓情緒「消失」時，也要懂得如何介入。

第二章

男孩的社會化制約

儘管男孩該是什麼面貌、應如何舉措的刻板印象始終不墜，
但許多人從心裡知道，這些過時觀念根本就是錯的。
——威廉・波拉克，《真男孩》（*Real Boys*）

男孩也是有血有肉的人

最近我在一所小學的放學時間看到一個二年級男生，跟一群小男生小女生站在學校門廊，人人臉上充滿要回家的興奮。當這小男孩瞧見爸爸的身影出現時，立刻拔足狂奔，書包在背上飛躍，他跳進爸爸懷裡。這男孩的期待化為完全的歡喜，他的父親看起來同樣開心。我有種感覺，像這樣「說哈囉」的方式，是這父子倆常做的事。

這對父子打破了我所謂的「兄弟規範」，一種扭曲了原本健全的男子氣概的觀點，要求男孩跟男人隱藏感受，連正面情緒也不例外。太多時候，大人忘了男孩也是有血有肉的人。太多時候大人不明白：就心理需求而言，男孩女孩相似程度超過不同的程度，原因很簡單：男生女生都是有感受的人。

我在這章呈現出男孩內心的情緒生活，也剖析文化對他們心理需求產生的影響。我探討社會化如何影響男孩子，包括：家庭裡、外的社會化，以及社會化的結果。第一個段落描述「兄弟規範」，這是男孩情緒社會化的重大因子。「兄弟規範」這名詞有雙重意義，作為名詞，它包含男孩應如何表現的種種指令，作為動詞，它描述出男孩內在生活如何受到這些指令的主宰。兩種用法都貼切地描繪出，男孩在主流美國文化中是如何學著成為男人。

「兄弟規範」有多種型態，我把重心放在情緒感受和表達的限制上。其他規範也會著墨，但讓男孩情緒動彈不得的主軸有二。這裡也會討論社會化的力量，及「逾越角色」行為（超出文化所認定的陽剛性別角色之舉）所受的懲罰，還有男孩的性行為。本章主旨在強調男孩表達情緒的價值，呈現社會力量對他們情緒和行為產生的影響。

有害的「兄弟規範」

就男孩社會化過程而言，「兄弟」一詞很貼切地隱喻其中的主要影響。它指那群衝進你家廚房、小房間、地下室或車庫的男生，匆匆跟你打聲招呼、眼神幾乎來不及交會，然後又一起衝出門跳上腳踏車朝下個目標（食物、運動、打電玩）奔去。「兄弟」也可能是班上或其他團體裡幾個特別要好的男生，跟著彼此學習是否該注意什麼、該放聲大笑、該舉手。「兄弟」反映出心理與實體層面的相伴，也就是不落單。那讓男孩子感到認同、社群、歸屬、挑戰和樂趣。而「兄弟」卻也可能限制了他們的體驗。

怎麼說？就像任何社會群體，「兄弟」也包含成文、不成文的常規。「兄弟規範」是扭曲版的男子氣概，讓大夥兒彼此相屬。打從很早，男生便知道藉這些常規評斷他人，也評斷自己。波拉克在他那本描述男孩情緒的創新之作《真男孩》，將這情況稱作「男孩密碼」（boy code），金德倫與湯普森（Thompson）的著作《該隱的封印》（*Raising Cain*）則稱之為「殘酷文化」。這些不同名稱，講的都是同樣過程。我相信名稱不是重點，重點是大家能繼續討論。

「兄弟規範」也許是凝聚一夥兄弟的中心，不在這夥兄弟當中的男生，卻也知道這個規範且會照做。同夥內外的所有人都按規矩走，因為他們曉得不這麼做的代價……他們怕自己無法成為真正的男孩，沒有男子氣概，不會變成真正的男人。

沒看過一本明文具體的「規範」，但每個人卻都知道「兄弟規範」是些什麼，這不是很神奇嗎？而這就是文化。文化讓資訊代代相傳，人人皆知，完全不必有實體紀錄。男孩跟其他男孩打交道，便足以傳遞有關男子氣概的兄弟規範。這些規範有時可能好玩或洽當，但若嚴格遵守卻會造成傷害。

這就是此書不斷提及「兄弟規範」的原因。它們會以有害方式打造男生情緒，尤其在表達方面。那麼，這些規範究竟是什麼？以下是一些我從男孩與男人身上得知或觀察到的——

小男生：痛也不能哭；男生只跟男生玩；女生很噁心；男生很堅強；強壯有力就是真男孩；要贏，不能輸。

十三至十四歲（early teens）：痛也不能哭；除非你在球賽得分，否則別顯出高興；別跟其他男生談你的感受；別讓其他男生看出你害怕或不確定；什麼都不會困擾你；別跟男孩太好，否則大家會認為你是同性戀（同性戀不好）；避開任何女性化的事情；女孩很性感；男孩很堅強；運動員是真男孩；要贏，不能輸；有攻擊性很好；嘲笑他人，尤其當對方弱小或自己感到不安；不安就大笑；隱藏真正的感受。

十五至十七歲（middle teens）：痛也不能哭；別顯出高興；別跟其他男生談你的感受；別讓其他男生看出你害怕或不確定；什麼都不會困擾你；別跟男孩太好，否則大家會認為你是同性戀（同性戀不好）；避開任何女性化的事情；女孩跟女人非常性感；講些色情笑話跟故事；運動員是真男孩；要贏，不能輸；男孩掌權；有攻擊性很好；嘲笑他人，尤其當對方弱小或自己感到不安；不安就大笑；隨時要顯得很酷；一字作答（「嗄？」「嗯」「不知」（我不知道」））；隱藏真正的感受。

十八至十九歲（older teens）：痛也不能哭；別顯出高興；別跟其他男生談你的感受；別讓其他男生看出你害怕或不確定；什麼都不會困擾你；避開任何女性化的事情；別跟男孩太好，否則大家會認為你是同性戀（同性戀還是不好）；講色情笑話跟故事、有性經驗，是真男人；女孩跟女人很性感；運動員是真男人；要贏，不能輸；這世界屬於男人；進入世界，闖出名號；飲酒很酷；有攻擊性很好；嘲笑他人，尤其當對方弱小或自己感到不安；不安就大笑；隨時要顯得很酷；堅忍無感；隱藏真正的感受。

所有年紀：別討論「兄弟規範」。

這些規矩絕對有更多演化，但以今天在美國的男孩來說，這是一些所謂男子氣概的嚴格定義。這些規範也深深影響男孩們的情緒及人際關係。就算有男生或男人宣稱自己並未遵守這種狹窄的陽剛概念，他們或多或少仍受影響，因為這個規範深植所有男性意識。這些教條相輔相成，即便略有調整，基本核心始終不變：男孩的舉止樣貌要像機器人。

當「兄弟規範」局限了男孩身心

很遺憾，男孩們認為，這些規範可怕之處是在你違反它，而不在打破它。遭到排擠，被說是孬種、很娘或女生，都喚起男孩自我認同最深處的恐懼。但我要請你深思，當男孩切實遵守這些規範，將對他們身心造成何種危害。

當男孩把兄弟規範內化，即便沒跟那夥兄弟在一起的時間，他們照樣遵行。他們無時無刻不奉行這些規範。當他們相信不能跟其他男生分享困擾或興奮，他們也停止跟任何人分享這類情緒，包括家人。如果男生只是不對他那幫兄弟流露情感就算了，問題是那規範顯然時時盤據腦海。假如男孩聽從這些規矩，為隱藏情緒而終至整個關閉，那很不健康。他們就是這樣，讓感受消失不見。

無論什麼年齡或者性情的男生，當他從兄弟規範學到只有娘兒們痛了就哭、只有女生會講父母離婚之事，他也學會不跟任何人談自己的感受。若欠缺情緒智力技巧方面的教育或沒有大人關心介入，這男孩將依照這些規範長大成人。這對於男孩情緒表達的限制，恐怕是「兄弟規範」主宰男孩生活最糟糕的例子。

男孩處於劣勢

瑞爾描述男生在我們這個文化社會化的兩個步驟：首先我們將其掏空，剝奪他們的情緒；之後我們再賦予男性特權。我覺得這個描述非常有力，因為它出於一名男性，一位「曾經經歷」、願意分享的男性。這種剝奪男孩人性的手法，可能導致危險後果。試想先剝除某人情感再賦予他特權，你知道那根本是在製造危險。但我選擇不這麼看待這些男孩，我選擇視他們為被剝奪某些珍貴人性的人。

在我們的文化中，男生不能表現、不輕易流露情感的狀況，可能是他們精神健全最大的風險之一，這會導致一堆身心問題。針對成人所做的研究指出，情緒表達受限與多種問題相關：憂鬱、身體很差、人際關係不理想、藥物濫用。一些論述以為，很多男孩及男人的行為問題，可能跟他們粉飾情緒有所關聯。

靜靜觀察

影片。要了解男孩是怎麼跟自己情感疏離的，只需靜靜觀察，隨時隨地都行。以我來說，一個週末就碰到兩件很有啟發性的事情。某個週六午後我去看《一路上有你》（*Simon Birch*），這是根據約翰．厄文（John Irving）小說改編的電影（譯註：書名為 *A Prayer for Owen Meany*，台灣譯為《一路上有你》，電影亦採此名）。故事在講一個早產而畸形的男孩，一輩子非常矮小，發育初期身高僅僅三尺。影片即探討他在男生本來就夠艱難的年紀時的痛苦經歷。

剛開始的十五分鐘，有四個十六歲大的男孩（一夥兄弟），每看到銀幕上出現畸形的賽門，就硬生生擠出大笑。男孩們低沉的聲音撞擊整個戲院，感覺十分奇異，也許是因為他們看上去像男孩，卻有著男人般的聲音？他們似乎以一種錯誤、演練過的方式，展現新發現的力量，那笑聲聽來就像電視喜劇裡的罐頭笑聲。又或者，那股虛假純粹是這些男孩為這種情況多次練習的結果：當你感到不安（哀傷、脆弱、恐懼）時，假裝沒這感覺，把它藏起來，戴上面具，大聲笑它，只因「兄弟規範」作祟。

我跟我先生約翰分享，他也有同樣感覺。是的，這些男孩舉止不妥。我先生也為此不快。所有觀眾都受這幾個男孩為了隱藏不安而做出的表現所影響。我們得很努力才能去體會賽門，一個嚇人又迷人的角色。之後我有種感覺，活在「兄弟規範」八成就是這樣，你身不由己，故意抹殺真正感受以融入一夥兄弟。

在那幾個男生刻意大笑的那段時間，若非我座位離走道很遠，我就要去找戲院經理來處理了。我不想讓這幾名男生支配我家人對賽門的感受。坐在位置上，分秒過去，我幻想自己走到他們其中一人旁邊，悄聲叫他停止愚行，就像個好老師，不用威嚇即可收服班上霸凌情況。

我很高興，戲院經理跟我都不必做這件事。這些男生自己做出了改變。影片第二個小時，他們安安靜靜地觀賞。當賽門最好朋友的母親死掉，他們沒有笑。當賽門獨自站在海邊，對著夜空無力地嘶喊：「對不起。」因為他自覺對那死亡有責任，這群男生也沒有笑。觀眾沒再受到笑聲影響，大家都能感受深沉的哀傷無助，那是對這部電影的恰當反應。

教堂。在第二個狀況中，同樣需要「恰當的反應」。我去參加一場為青少年舉辦的宗教活動，其中有幾個女生、兩個男生和兩名成人女性。儀式與活動帶領這些孩子探索自己的信仰，要他們思索和感受，旨在引發深沉而正面的情緒，是很嚴肅而深入的聚會。我觀察到女孩們似乎很怡然自得，男孩則不。他們從頭到尾一直忍笑，怎樣都壓抑不住的那種歇斯底里的笑。

如果這空間大些或人更多一點，這兩個男生也許就沒能得逞，讓自己——和我們——沒留意到他們的不安。有時候，「兄弟」人數愈多就愈有影響力，但這少少兩個男生缺乏這種勢力，只有不恰當的反應。在場又沒有成人男性可為榜樣，讓他們知道「兄弟規範」並不適用於此。我希望我能說最後那兩個男生有進入狀況，可惜沒有。當大家圍成一圈握手進行結束禱告，他們無法克制地大笑。就算他們有心，我可以感覺，他們對這種時刻的練習已經太熟悉。感到不安時，把真實感受藏起來（「兄弟規範」）。

看到這裡，你應該很清楚這兩件事之間的關聯了。兩個場景裡的男孩，都面臨在社交團體中體驗及表達內心情緒的時刻。我後來和教堂帶團契的人談，了解到那兩個男孩整年都有行為問題。開車回家途中，我感到悲哀；不僅為他們，也為我們全體。當我們的文化接受男孩粉飾情緒，好像這是一種命定，那我們全都處於劣勢。男孩就是男孩。我想像一種文化，允許男孩們既好勝也會害怕，既強悍也溫和，望向世界也探索內心。然後我想起我們教會，那些七歲不到的小男生多麼熱切地參加兒童班，在大家面前也在其他男生面前，探索自己的感受與神性。

那麼，男孩從童年到青少年期間到底發生了什麼事？我們是怎麼「遺失」了這些男孩，他們是怎麼遺失了去感受或表達情感的能力？怎樣能讓這些男孩無須藉由藥物或「兄弟規範」來控制不安情緒，像是某種神性聚會或動人電影所引起的強烈反應，不必經由訴諸荒謬大笑？

彼得潘與其他迷失的男孩

多年來，心理學家與教育家都在問著同樣的問題，我們也從學者、作家得到同樣答案。但我認為，第一個重要步驟必須是由父母向自己提出這個問題，並作出答覆。想讓「兄弟規範」這金鐘罩從男孩頭上鬆開，家長必須檢視自己幫襯這規範多少，自問能如何避免孩子內化這些教條。不這樣的話，我們將繼續鼓勵一個讓男孩迷失的文化。

在詹姆斯．巴利（James Barrie）那部經典小說及電影裡，彼德潘與迷失男孩們自己住在夢幻島，父母不在身邊。我們不了解為何如此，只知道這些男孩某種程度迷失了。他們成天從事冒險活動，盲目跟從著領頭的彼得潘。種種天不怕地不怕的惡作劇、離危險那麼近，在在顯示他們的故作勇敢。

而這些男孩仍渴望著有父母相伴的一個標記：聽爸媽為他們講睡前故事。隨著劇情展開，我們了解到他們想念的不是那些故事的娛樂層面，而是那種體驗的意義。在無法無天的行徑底下，迷失男孩們盼望著肢體上的安撫，情緒上的滋養（睡前故事可能是兼含兩者的共通象徵）。是的，堅毅的彼得潘就是因為這樣，每晚都要飛來育兒室的窗前，聽溫蒂為弟弟們說故事。他也因此在一個晚上丟了自己的影子：因為怕被抓，他離去的太匆促。從心理學的角度看，彼得潘的影子或許帶有冒險行徑無法滿足的情感需求。

把溫蒂帶到夢幻島似乎是個完美辦法，這樣他們白天可以盡情玩耍，晚上仍可享受睡前故事……充分獨立的生活，又還有著一點撫慰。但當溫蒂姊弟們坦言非常想家，更因思念媽媽而哭起來時，迷失男孩們也都哭了。

電影中的這幕場景，男孩們一起哭著聽溫蒂細細描繪她跟弟弟所懷念的照顧疼愛。我們看到溫蒂為這些男孩道出他們的悲傷，她將他們歡樂與失落的情緒連結起來。或許這就是我們多數男孩太早遺失的東西：跟自己情緒的連結。「迷失男孩」確實是故事中這些角色很適合的名稱，因為這些男孩缺乏感受與真正的父母養育，他們迷失了。我相信巴利筆下這些情緒上的迷失男孩，與今天我們文化中的許多男孩沒什麼兩樣。

男性也能扮演母親

為鼓勵男性也能予以同樣情感滋養這種觀念，我認為，溫蒂與迷失男孩們渴望的「母親」，也能從男性獲得；「男性母親」。而要做到這個目標，我們的文化必須改變對那些展現出纖細呵護行徑的男性（不僅男孩）的看法。男人絕對可以「扮演母親」。聽來不可能？這不僅可能，而且很必要。尤其若男孩會學習他們的榜樣，而事實正是如此。

當我念碩士時，書籍、論文、研究占據我很多心力，我先生約翰就「成為媽媽」照顧我們的新生兒摩根，不像第一個小孩出生時由我照料，當時的約翰正要拿到碩士學位，還身兼一份工作。摩根與她的「男性媽媽」很親，所有人都看在眼裡，但沒人了解那對摩根的意義，直到她四歲時的某天，我跟她一起翻閱嬰兒相簿，她看見一張自己的出生照——她爸爸懷抱著她，摩根的小腦袋蜷在他的手肘上。凝視著這張相片，摩根問我：「喔……那是我從爸爸肚子裡出來的時候拍好嗎？」

摩根對男性養育能力的經歷，恐怕與這個社會其他兒童對男性的體認不同。穿越歷史，多數文學與宗教塑像，總將充滿情感的呵護養育連結到母親，不是父親，各個文化皆然，多數當代媒體依舊如此（尤其廣告）。

這裡要強調的是，在某些男性也肩挑育兒之責（「男的當媽媽」）的文化中，暴力情況較少。我在整本書刻意使用「父母」取代「母親」一詞，希望你能理解及認同。

在這段結尾我必須說，當男孩懂得說笑紓解壓力或請朋友吃披薩，那是很棒的。男孩能夠獨立有自信，好勝好強，也很棒。需要堅強時能夠挺身而出，是令人鼓舞的經驗，但若我們只准男孩、男人表現出強壯的一面，問題就來了——而那正是「兄弟規範」所強調的。

剝奪男孩的情緒

想想這些字眼：「男生不哭」、「媽寶」、「孬種」、「娘兒們」。你知道這些話常用來說流露情感的男生。當男孩不守傳統性別而行，社會心理學家稱為「不符角色期待」（out-role）之舉。男孩出現不符角色期待行為，基本上就是違反了「兄弟規範」。女生也會有這種情況，但在一個父權（男性為首）文化中，男生若跳脫陽剛角色比較容易受到懲罰。因為不想受罰，男孩自然就不想出現任何不符角色期待的行為，換言之，他們被鼓勵遵守「兄弟規範」。

從小學習無懼

無法感受自己情緒會對男孩造成何種影響？第一章談到心理方面的結果，這裡要強調的則是，剝奪男生情緒會使他們變得比較缺乏人性。「兄弟規範」及社會的制裁，卻會助長這種剝奪，而使男孩喪失了某些人性。

當男孩因害怕、傷痛而哭泣，卻聽到：「大男生不哭的。」他跟自己情緒的切割就從那刻開始。他學到推開真實的感受，當此切割受到周遭「兄弟規範」認同者一再地強化，他學到不感覺脆弱。當人們再三否認本身的脆弱，將可能變為……沒有恐懼（fear-less）（廠商把「無懼」（No Fear）的標籤貼到男孩頭上時，完全清楚自己在做什麼……）。

直到這典型的、困擾不已的青少年前來尋求諮商時，已經跟自己許多情緒產生隔閡。自他出生，家庭、學校、媒體，以致整個社會，一直在社會化他的感受。要明白社會化的力量，看看「X嬰兒」（Baby X）研究：同樣一個嬰孩，身穿黃色衣服，先是以男嬰身分現身於一批受試者前，繼而以女嬰身分擺在另一群受試者眼前，再要求受試者描述這個嬰孩。兩群人的回應完全符合刻板印象：「女嬰」引發的回應不脫「甜美」、「漂亮」、「纖細」；描述「男嬰」的，則為「強壯」和「意志堅定」。從這類研究便可看出性別角色的影響力，及刻板模式對任何人究竟是何種性格的指稱與形塑。

文化對男孩的訊息：隱藏你的情緒

社會化訊息無所不在。男孩走到任何地方，都會接收到該怎麼表現的暗示，那些期待都決定於觀者。多少人會認為男孩害怕是正常的……可接受的？悲傷呢？緊張？相對地，多少人可以接受男孩子發火？強悍？自信？社會化過程中，主流文化教男生要強硬，儘管他們感覺脆弱；要不動聲色，儘管他們想放聲大哭；表現出攻擊性，不必迂迴客套；把情緒藏起來，不要輕易流露。男孩子從小就學會不露出任何接近「女性化」的表現，特別是情緒的表達。不令人意外，這些文化規範導致他們缺乏典型女性特質，例如呵護與情緒流露。

男孩的沉默可以被聽見

我會留意到文化竟如此剝奪男孩的情緒，其實很戲劇化，那是在我做論文研究時的意外發現。我原想研究女孩在青春期的自尊是否會降低（我的樣本顯示不會），結果開始對男生的經歷產生興趣，因為由我進行的研究可看到，男孩表達情緒（正面負面都一樣）的能力，從童年晚期到青春期晚期顯著下降。女孩們恰好相反。也就是說，男女生在童年晚期的情緒流露程度相當，但到了青春期中期及後期，女生表達情緒的能力優於男生（更多資訊，參見第四章）。

於是，當你問青春期男生：「女友跟你分手時，你作何感想？」「每個週末爸媽就喝酒吵架，你什麼感受？」對方不是沉默就是聳聳肩膀時，就一點也不奇怪。很多人不以為男孩這種情緒上的靜默有什麼不對。太常見了，所以很正常……情況本來就該這樣。而讓男孩壓抑情緒這麼久之後，我們要面對的艱困戰役，眼前是長遠路途有待征服。

刻板男子氣概如何影響男孩人生？

男子氣概其實有很多好的層面，但我們對它的刻板印象，卻嚴重限縮了男孩們的情緒表達。刻板的男子氣概是很狹隘的觀念態度，來自文化對這名詞的定義，而「兄弟規範」又令其更變本加厲。你很容易便可看出，男孩如何從實際生活與流行文化中，學到刻板男子氣概有關情緒表達的規則。

確實，要在生活與流行文化中找到挑戰這種刻板模式的男性很難，但偶爾還是會出現。《征服情海》（*Jerry McGuire*）這部電影描繪的女性雖然很典型，但小古巴．古丁（Cuba Gooding, Jr.）演出的那個角色，卻顛覆了傳統陽剛角色。用整顆心投入比賽的職業足球員？身為運動員，電視受訪卻涕淚縱橫地大叫：「我愛我老婆！」不僅如此，真實生活中，古丁在奧斯卡頒獎典禮上也做出同樣行徑，他流著淚，感謝他的上帝，說他愛他太太（他打破了「兄弟規範」，因此獲獎。我們需要更多這樣的男性典範）。

我知道的另一個樣板剋星是個六歲小男生，他父母決定呵護這個「敏感」的兒子，而非強加鍛鍊。這個男孩上《歐普拉電視脫口秀》（*Oprah Winfrey Show*）時（二〇〇一年四月五日）表示，盧安達人民沒有乾淨的水，而他有，讓他非常難過，所以他以四個月努力打雜攢下七十美元，為一個村子鑿了一口井。節目播出後，觀眾迴響漫天而來，至今他又為盧安達多鑿五十口井。假如當初他父母依照「兄弟規範」或循著狹隘的陽剛模式養育兒子，絕不可能有此情節。

置身的處境很重要

必須強調，要討論男孩情緒與性別刻板模式，必須說明脈絡。比方說，古丁在演藝圈因打破兄弟規範獲得讚賞，也許還拿到更多演出合約。一個特別的六歲小男生獲得上歐普拉脫口秀的機會。但很多在日常生活中表達出情緒的男孩，面臨更多磨難：因不遵守「兄弟規範」遭受排擠，又沒得到父母或社會支持。想讓男孩從表達情緒獲得幫助，聆聽者必須認可、接受他們的話語。這聽來或許像是普通常識，但假如你是身處這個文化裡的男生，那其實可遇不可求。

羞恥隱藏了男孩的情緒

試想這幕場景：詹姆斯迎面碰到學校可怕的霸凌王，對方身材大他兩倍，比出要勒他脖子的態勢。更衣室就他們兩人。嚇壞的詹姆斯及時逃脫，安全跑進科學教室。他把經過告訴同學漢姆，說自己有多害怕，還好跑得夠快。假如漢姆說：「要是我也會怕，還好你躲開了。」這種反應便會產生正面效應，讓詹姆斯得到肯定，將來較容易跟他所信任者分享恐懼。

但要是漢姆說：「你這膽小鬼，要是我就會留下來跟那個×××打一架！這下子他知道你嚇到了。」如此一來，詹姆斯學到：㈠坦承害怕是不妥的；㈡被嚇到逃跑不像男人；㈢最好戴上面具，假裝什麼都沒發生；㈣下回就留在原地挨揍吧。羞恥會是非常強大的，足以捻熄男孩情緒的力量。

下面這個發生在五年級數學課的例子，沒那麼恐怖，卻也發人深省——威爾的手指擺在桌子前緣，前座同學往後一靠，椅子夾到他的手指，他的眼睛立刻蓄滿淚水，因為很痛。周遭的男生馬上說：「老天……別哭啦……別像個女生一樣。」威爾停止哭泣。在「兄弟夥伴」的注視下，他藏起脆弱，對自己的感受感到可恥。那個當下，威爾與所有觀者得到這個結論：男孩若顯示真實感受，就沒有男子氣概。疼痛時，男生不能覺得痛或哭出來。其實很多人（包括女孩）都不喜歡當眾掉淚，但男生特別被如此要求，一旦落淚，便深感羞恥。

男孩「性行為」的社會化

性行為是讓男孩「轉大人」的強大力量。在美國，男生的性行為顯然頗受充斥性訊息的文化影響。細想一下，「男孩子就是那樣」這句話，一語帶過男生性活動的原則，真是非常死板又不公平。它允許男生有性行為，卻不去體會親密感或情緒反應。有性經驗的男生，喜歡用來形容「戰績」的那套「上壘」隱喻，不過是顯示這方面僵化看法的一個例子。性不能涉及親密，只能關乎勝利。這樣的性社會化（sexual socialization），驅使男生以為性事就是要當「種馬」。

在狹隘的陽剛概念指使下，男孩確實失去很多情緒和舉止。而儘管我認為這樣的過程，會壓縮男生成為完整人類的機會，克莉絲汀娜．薩默斯（Christina Hoff Sommers）等人大概不認同，他們主張男女生本就該有不同的社會化，尤其在情緒跟性方面。這種本質論（生物學上的）觀點，常又強化了傳統對陽剛角色舉止的概念。

有關男性性傾向的生物觀點，也影響了男生對性的感覺行為。不知有多少回，我聽到男性約會強暴這類性犯罪，咎責於男孩（或男人）「無法抑制」的男性衝動。思及男孩們的性慾是怎麼開展、怎麼在沒有任何指引的情況下，走過親密性事的複雜情緒領域——唯一有的，只是「兄弟規範」，男孩（女孩也是）顯然需要更多指導，以發展出健全的性行為。

男孩性的社會化的發端

男孩女孩對性慾懵懂啟蒙的例子比比皆是。記得一位朋友提起，她八歲女兒如何當眾意識到自身的性存在（多虧「兄弟規範」）。那是在游泳池畔，當莎賓娜經過兩個她從幼稚園就認識的男孩身旁時，她聽到他們刻意的耳語：「她真性感！」莎賓娜不予理睬（小女孩能說什麼？「我才沒呢！」還是「你們這話什麼意思？」）實際上，莎賓娜後來告訴母親，當下她心裡很不舒服，而她也不懂什麼叫做「性感」。而那兩個小男生是否真懂，也耐人尋味（「兄弟規範」不提供定義，只有規範）。

這些男生眼中的莎賓娜，是個聰明、游泳好手及耀眼的足球員。而坐在池畔看到她，兩人唯一覺得能講的卻是她的性魅力。最諷刺的是，莎賓娜甚至還沒進入青春期！這正足以說明「兄弟規範」箝制男孩的力量。她連一絲第二性徵都還沒出現，男孩對她卻沒別的好講。他們就不能說：「她實在很聰明」……或「游泳好快」……或「足球踢得真不賴」。他們只能遵守「兄弟規範」：女孩子是性感的。在沒有其他指引下，男孩們只有遵循這個。

男孩性的社會化如何發展？

男孩性的社會化往往演變為「性慾亢進」（hypersexuality），意指過度的性活動，表現在多個性伴侶與性主宰（意謂在「性征服」上頻頻得分），或沒那麼極端、傷害性依舊的舉止，像是性騷擾。性騷擾雖常以女孩、女人為目標，男孩卻也會受到其他男孩的性騷擾。

在我的性別心理學課堂上，學生總談起他們看過太多男對男性騷擾。這類性騷擾通常是性方面的貶低奚落，我們大概都聽過那些貶損字眼，侮辱男生在性事或器官大小方面「不夠威猛」。當男孩經由這類騷擾抬高標準，性慾亢進愈演愈烈，將界定他們必須在性方面如何活躍。

性慾亢進也反映在男孩如何吸收性技術的相關知識，那往往發生在他們尚未做好準備，也沒有親密關係之下。通常是透過針對成人、撩撥性慾的色情媒介。解釋男人性活動的理論很多（包括演進理論，強調生物及物種繁衍），但我以為，通常一個男孩發現藏在衣櫥裡的一疊《花花公子》（*Playboy*）時，他在生理上根本還沒成熟。

我在諮商時聽到太多男子，帶著無比悔恨提及這段初體驗，因為當時他們不曾跟任何人說起那種夾雜著震撼、刺激與困惑的感覺。他們把一切藏在心底，儘管照著「兄弟規範」走。過早撞見性知識，讓有些男人偷偷沉迷於色情刊物無法自拔。這不僅只反映出性慾亢進（表現在色情書刊），也反映出對男孩與男人本身性行為的潛在傷害。

若欠缺介入或教育，男孩們就只能帶著「兄弟規範」版的性觀念長大成人。看看當代文化，不難理解男生怎麼會自覺性慾亢進。新科技讓《花花公子》雜誌變成二十四小時、一週七天的線上色情頻道。而實際上，男生也不必偷偷上線就能接觸到這些，隨便什麼電視劇、廣告、音樂視頻或電影，無處不能看到。性慾亢進瀰漫流行文化，遍布於男孩眼光所及之處。

男孩性慾亢進另一個有趣關鍵，涉及對同性戀的恐懼，也就是怕被視為同性戀。這不僅讓他們有莫大壓力想透過異性性行為證明自己，也限制了與其他男生之間的往來距離。春天的某一日，我在校園看到兩位大學女生手挽著手走過，其中一人神情沮喪，另一人似乎正在安慰她。那景象如此自然溫馨。當下我想，這不太可能出現在兩名大學男生之間：怕打破「兄弟規範」，被貼上同性戀標籤。就我來看，同性戀只是身為人類的另一種表現，而對多數異性戀男生來說，那卻是驚悚禁忌。

有鑑於文化與社會要他們自清非同性戀的壓力，不難理解，男生想藉著跟異性的性活動來表示自己的「正常」。這令人不禁思忖，如果男生沒有要守「兄弟規範」這麼大的壓力，其他所有人不也都安全許多（父母對子女與異性的約會，也可卸下很多焦慮）。遺憾的是，到目前為止，你必定也聽到：一些強暴女生的男孩子，認為自己沒錯，因為「她真的很想要」。若不明白男生在「兄弟規範」引導下的性社會化——他們自己也成為受害者——如何能理解這類犯罪情事？

有時我們從真實人生找到答案，有時從故事裡。我從沃利・藍卜（Wally Lamb）的暢銷小說《我只知道這些》（*I Know This Much Is True*）看到一個。主角多明尼克，在某個時間點回想自己年少時的性體會，他觀察到性的親密性如何把男孩子與另一人「拴住」，即便只是一下子。這番言論乍看似乎更像在描述男生情感上的孤立，而不僅只在講性行為，但我認為，對男孩子而言，這兩者經常密不可分。

這個段落的一個目的，是從情緒層面剖析男孩性方面的感受如何社會化。當我們理解男孩的情緒表達如何遭到家庭與社會的束縛，也許就能讓他們從父母與其他大人身上，獲得更多關於性的指引。

典型美國男孩的盧卡斯

要探討男孩性的社會化，不妨從案例切入。看看下面這個個案。盧卡斯是「典型的美國男孩」，爸媽葛麗與麥可就像你身邊的親友鄰居……跟你也沒什麼兩樣。盧卡斯一生下來，就深受父母及祖父母疼愛。在充滿愛的家庭長大，你可能要問，盧卡斯有什麼問題？事實證明，男孩即便成長於充滿愛的家庭，仍會迷失在我們這個性慾亢進的文化……以及「兄弟規範」中。

盧卡斯十八歲時，在一個派對裡把羅眠樂（rohypnol；編註：強力安眠藥，即俗稱FM2、約會強暴丸。）摻進賈妮的飲料。盧卡斯曾多次邀賈妮約會，卻始終遭到婉拒，他不清楚原因，更覺得十分困惑，因為賈妮對他挺友善的。盧卡斯判斷，賈妮是在故作矜持。畢竟，只要家裡有裝有線電視，看夠那些MV頻道，那些音樂影片裡的女生都那麼渴望性愛……永遠（且根據那些影片情節，當她們嘴巴說「不要」，真正的意思是「好」）。因此，當盧卡斯聽到賈妮會出席這個派對，便決定「不經意地放顆羅眠樂」到她杯子裡，來「推動事情一把」，他就能跟她「發生性關係」。身邊那些從幼稚園一起長大的哥兒們一致同意，這確實是跟賈妮上床的好辦法。

約會強暴

那就是問題。盧卡斯真心以為自己只是跟賈妮「有性關係」，完全沒想到這是在強暴她。他也沒想過，未經賈妮知曉或同意而讓她服用藥物，是一樁犯行。他滿腦子想著性交，從頭到尾沒考慮賈妮會有什麼感受，實際上，他甚至沒把賈妮視為一個人。畢竟，朋友們都不時從事性行為，從沒聽誰談起跟那些女孩之間的關係，每個人講的都是性。盧卡斯「有性行為」僅僅兩次，這讓他覺得自己比不上其他人（「兄弟們」），不像個真正的男子漢。沒有人告訴過他，實情並非如此。

有些人或許認為，盧卡斯不過跟其他男生一樣，只是想要上壘（確實如此）。畢竟，他們身處派對，賈妮喝酒打情罵俏（確實如此），所以他不算「強暴」她（絕非如此）。根據定義，美國許多州規定，當某人神智不清（受藥物或酒精影響也算），即欠缺同意性交的能力，此時發生的性交便是強暴，就是一樁罪行。

約會強暴發生頻率遠超過人們所知，檯面上的統計數字並不可靠，因為年輕女孩不敢報案。此外，若是因為羅眠樂，受害者往往無法記得過程細節，這種藥物會消滅記憶。羅眠樂完全不會造成受害者昏厥，只是阻斷大腦記憶，因此當一位女子在派對飲酒，即便藥性發作也可能毫不自覺，表面看來完全正常，她朋友覺得如此，那個計畫跟她「發生性行為」的傢伙也如此。

男孩成為既有文化的受害者

我不以為女性是唯一的受害者，我認為男孩跟男人也是。這或許有點爭議性。盧卡斯對賈妮顯然沒有同理心，更別說同情，但我們必須從更廣泛的文化脈絡探究此事。

盧卡斯從不知道應該把女孩、女人視為人，而非性玩物。他完全失去充分領略自身性慾的可能性。若一個男孩以為跟一個意識不清的女孩性交，是健康或令人滿足的性愛，這男孩不僅對性交對象的觀點扭曲，對自己的觀點也有問題，這將導致他未來在性愛與親密關係上的問題。

在我們這個文化中，男孩性的社會化需要我們嚴肅看待。盧卡斯一開始不認為自己的做法有錯，正顯示出這一點的重要性。按照他的說法：「即便女孩子沒有很想，男生還是隨時跟她們性交，情況本來就是這樣。」悲劇是，這種心態讓他們以為性交對象不過只是滿足性慾的物品，而非有自身感受需求的個人。有這種心態的男性不僅對生命中的女性造成可怕傷害，對自己也未嘗不是。

你也知道，盧卡斯的情況絕非個案，這類約會強暴在各地的高中大學比比皆是。僅一九九三那一年，加州萊克伍德市（Lakewood）就因此種犯罪逮捕了八人，犯下十七起以上重罪。很多「受歡迎」的高中男生都是「策馬兵團」一員，這夥男生競相以自己與多少女生「性交」誇耀，而不管女孩子願不願意。當那些被強暴的女生當中有七名挺身提起訴訟，被告之一的父親說：

「我兒子所做的，不過只是全美任何這個年紀、血氣方剛的男生都會做的事。」

男孩性兩難

這位父親哪裡錯了？盧卡斯的爸媽哪裡錯了？文化扮演了何種直接、間接的角色？這些問題的答案相當複雜。父母經由同樣的文化社會化，那個文化透過電視散播浮誇隨意的性愛，彷彿那是唯一有意義的事情。再者，恐懼也讓家長暗中決定遵循「兄弟規範」（見第一章）。性慾亢進會在年輕男孩中如此氾濫，這兩個因素恐怕是主要推手。此外還有一點，眾所皆知，個人舉止在團體中會有不同。一個男孩跟著大夥兒會犯下的罪行，可能單獨時不會做。當男生把「兄弟規範」內化，加上年輕的荷爾蒙「衝腦」，就可能產生如約會強暴這類令人痛心的悲劇。

要解開這起強暴主因，理解盧卡斯為何不能同理賈妮，我們得認真探討幾個社會與個別因素。很顯然地，盧卡斯爸媽撫養他的方式與當下全美許多父母類似：打少棒、學打鼓、家庭旅遊、成天看電視打電玩等等，但不是每個男孩都會犯下強暴罪。話雖如此，性觀念扭曲、誤解什麼叫做首肯的男孩，確實很多。

另一個找出問題根源之道，或許可思考盧卡斯的人生少了什麼。很明顯有兩點。第一是盧卡斯所謂必須去性交的說詞……「因為其他男生都有。」我不禁想，若盧卡斯有機會跟誰討論關於性的感覺，結局是否大不相同。換言之，如果盧卡斯有跟父親（或某個成年男性）談及這種必須活躍於性的壓力，局面將如何？若他父親曾聽他講，並提供良好忠告，那麼，盧卡斯或許能學到以其他方式處理性焦慮。

第二個明顯不足在盧卡斯對女生的觀點。就他而言，賈妮根本不是另一個人，只是性對象。假如父母曾告訴他，女生在有性行為以前，會希望多認識約會對象一點，假如他們曾帶著盧卡斯，解構（即質疑真實性或可信度）媒體不斷散播的、女生就是性玩物的文化訊息？那麼，盧卡斯也許就有機會以完整角度看待賈妮，知道她有自己的感受。

男孩面對的性兩難在於：如何不用在性事上耀武揚威，尊重自己真實的情感及想法，而仍被夥伴視為「真正的」男生或男人？思及男孩在這個文化社會化的過程，多數情緒表達受到限制，文化潛在鼓勵他捕獲性獵物，不難想像這兩股力道交相作用之下，最壞的情況是產生性犯罪，最好也是麻木不仁的性騷擾。除非男孩有不一樣的學習，否則他們怎可能有不一樣的思維、感覺、行為呢？

男孩及女孩的心理需求

我相信，男孩很多在性與社會方面的兩難，出於大家以為男生心理需求跟女生不同的錯誤假設。實際上，反面才是正確的：男生與女生的心理需求類似。當然，他們的荷爾蒙、肌肉質量、骨頭結構不盡一樣，教育和運動機會也往往不同，但我認為他們確實有著同樣的基本心理需求。

這些需求包括：對安全的需求、自己能思考及感受的需求、必要時表達出思維及感受的需求、愛與被愛的需求、控制脾氣的需求、為自己感到驕傲的需求、為自己行為負責的需求、信賴與被信賴的需求……這清單書寫不盡。男孩與男人，其心理需求不過就是女孩、女人也有的人性需求。

男孩也有跟女孩一樣的情緒。怎麼可能不是如此？多少世紀以來，我們卻彷彿並非如此般地養育男孩、對待他們。換個角度看這個問題，你不妨自問：「如果男孩不准哭（或不能真實展現自己），那他們要怎麼辦？」我記得在一九七〇年，我常當小保姆看顧一個叫做理查的六歲男孩，他很喜歡項鍊，當然，這點讓他爸爸很感冒（他絕對是為了兒子好，怕他遭到小朋友排擠）。有一天，我戴著一條串珠項鍊，理查講了句我一輩子忘不了的話。他時值聰慧的六歲，摸著我的項鍊說：「能去喜歡你想要喜歡的東西，感覺一定很棒。」當時我自己也才十二歲，但我了解他在說什麼，現在我更了解，因為我有「性別眼鏡」，能看透性別刻板印象與性別角色對我們造成的限制。理查需要有人能把他的思維感受鏡射（mirror）給他，他需要有人看透他，再告訴他他究竟是誰。

鏡射出男孩的真實自我

鏡射是把某人的想法、感受、行為反饋給某人。透過這個過程，可幫助男孩了解真實的自我。你也可以想見，這是社會化極重要的一步。該名詞源自瑪麗・安斯沃斯（Mary Ainsworth）和約翰・鮑比（John Bowlby）進行的依附（attachment）研究。鏡射是父母每天會跟嬰孩做的事。「喔，你好開心呀。」是寶寶流著口水、咧嘴而笑時爸媽的鏡射。「好，我知道你現在很生氣，但你不可以打我。」或「湯米對你很差勁，我相信你覺得很受傷。」則是對較大孩童鏡射的例子。孩子有無數機會得到自己的內在情緒世界被鏡射回給自己，或可能完全沒這機會。

鏡射何以重要？

如果孩子內在世界沒被確實鏡射、回饋給他們，他們很難釐清自己的想法、感受自己的情緒，真實的自我可能會受到扭曲。如果父母不斷要求他們朝非他們本意的方向思考或感受，情況就會更糟。

鏡射可讓男孩認識自己，協助他們型塑自我（記住，自我是情緒之所以重要的主因之一）。在複雜的心理生活，鏡射也是同理心的基礎元素。男孩要先能辨識自己的思維情感，才有辦法同理他人。這一切，就從他望向父母或照顧者給予的那面「鏡子」開始。二到四歲，是教男孩認識自己與他人感受最重要的時機，很不幸地，這個階段也是小男生被教導要「做個大男孩」（亦即去漠視本身恐懼痛苦的感覺）的時期。仔細想想，這豈不就像未曾經過服役者同意的軍事訓練。

很多男孩內在的心理需求從沒被回饋到他們身上。以盧卡斯為例，他衣食無缺，備受疼愛，參加少棒，但有些心理需求沒接收過鏡射（如果有，他應該能同理賈妮）。當情緒沒被正確鏡射給這些男孩，最糟狀況就是：他們學著讓感受「消失」。然而這些情緒不會真的不見，他們會拐彎以不健全的舉止現身。

鏡射不僅回饋想法跟舉止，還包括情緒。當理查說，能「喜歡你想要喜歡的東西」一定很棒，可鏡射出他內心世界的說詞可以是：「你真能欣賞美的東西……例如項鍊。」能鏡射其感受的說詞可以是：「你很想擁有美麗的東西。」而理查從他父親那裡得到的卻是：「別傻了……項鍊是女孩子的玩意兒……你不能喜歡那種東西！」

簡單說，鏡射代表一個人確實被看見，被聽到。這個簡單行動，其實是重要的情緒基石，由此發展出健全的心理功能、自我身分，與他人連結的能力。

男孩的秉性

如第一章所說的，環境影響兒童，兒童影響環境，這種交互作用貫穿整個人生發展。此書不斷提及秉性，因為它在發展整體發展，尤其情緒發展時，扮演著互動角色。

秉性可說是認同某種感受或舉止的傾向，那型塑了大部分的人格。有些男孩天生就比較活潑（「外向」），有些則比較安靜怕羞（「內向」）。相關的人格特質包括：親和性、勇於嘗試、情緒化／敏感、神經質，還有其他人格類型，但人格理論家將上述幾種稱為「五大」人格特質。

秉性為何重要，如何看待為宜？

包括家長在內的成人都必須了解各種秉性，因為男孩的天生性情會引發周遭大人不同回應。換言之，不同秉性會引起不同的鏡射行為及社會化過程。比方說，有些男孩很容易哭，與那些安靜木訥的男孩相比，兩者疼痛時引起各自父母的反應不一。膽小的男孩也是。上完一天滑雪課就想自己滑下山的七歲男生，相較於那需要爸爸兩腿緊緊夾著，慢慢滑下小坡的同齡男孩，兩邊父母反應也會不同。而這些男孩得到大人對他感受給予什麼樣的鏡射，是真正的重點。

有些男孩可以暢談其感受，另外一些要他們談談感覺，彷彿要拔他們牙似的。男孩能否辨識情緒、表達感受，會影響大人如何回應，這很自然。但生物並非命運而定，無論男孩天生稟性如何，都可以學著「延伸」，以便在必要時妥善地感受與表達情緒。

男孩秉性與鏡射及「兄弟規範」有關。怎麼說？一個男孩若不善於表達情緒，父母及周遭大人很容易認為他沒有感受，或者不重視他的感受。相反地，一個很能表達各種情緒的男孩，可能會引起大人們「別理他，好讓他勇敢堅強」的反應。

無論男孩各自的秉性如何，可以肯定的是：他們都是人，都有感受；這些感受需受到肯定，被妥善鏡射回給他們。於是接下來的挑戰就是，找到方法肯定男孩的秉性，尊重其感受，設法教他健全地表達情緒……而這一切，又都得面臨「兄弟規範」。

型塑男孩情緒的社會力量

人際關係與社交場合，是塑造男孩情緒發展的重要元素。同樣重要的因素，包括在這兩者間跨出狹隘陽剛角色（即「兄弟規範」）的代價。情緒表達是任何關係的核心，無論這關係的另一頭是其他男孩、女孩、家長、手足、隊友、師長、同事……或任何人。這應是不證自明的道理，但其重要性卻常被其他問題埋沒，對男孩子尤其如此。舉例而言，當一個男孩很難「跟他人相處」，往往被視為單純的行為問題。幾乎沒人會進一步思索，這男孩是否在家或學校碰到挫折。

同理，往正面看，與師長同儕相處和睦的受人喜歡的男孩，大家看他就是個「很不錯的男生」，很少想到他是情緒健全，或這男孩真懂得在社交場合辨識與調整自己的情緒。很顯然地，比起前一個男孩，這一位是比較能辨識及調整情緒，但其社會發展（social development）的情緒層面，卻完全被忽視不見。

社會—情緒經驗

來自他人的社會線索（social cues），或稱回饋，能幫助男孩學會健全的情緒表達，或讓他們學會隱藏感受。根據這些線索，男孩發展出社交技巧，也就是讓我們知道，在特定社交場合該說什麼做什麼、不該說什麼做什麼的行為。男孩不斷收到關於舉止應當如何的社會線索，至於在社交互動時表達情緒有多麼重要，他們卻很少聽到。

因此，有些男孩欠缺社會—情緒技巧，也不令人意外。舉例來說，一個哭鬧不休的男孩，得到許多針對他情緒的負面社會線索：遭受冷落、被孤立責罵、大家叫他不許再鬧。但在他（或他父母）了解這哭鬧底下的原因（害怕、悲傷、憤怒）之前，他大概不會停；或者，他停下來了，情緒需求卻沒被解決。要教這樣的男孩直接表達出情緒，讓他們不至於四處「失血」，其實不難，而且效果卓著。只要能及時介入，讓他知道怎麼融合思考與情緒，更明白捍衛所需。指導這種社會—情緒技巧，需要父母、師長或諮商師的配合。

男孩的強烈感受若無法直接表達或沒被接收到，往往會走旁門左道，改以哭鬧這類行為現身。「拐彎情緒」（sideway emotions）（見第四章）往往導致一些行為，使這男孩不受大家喜愛，也無助於滿足其情緒需求。哭鬧是一種拐彎情緒，還有很多如攻擊、吹噓、霸凌……等僅舉幾例。往往可由這些行為追溯到底層某種情緒，此外，這些行為會塑造社交關係，回過頭又影響這男孩的情緒發展。

攻擊。這種拐彎情緒讓男孩在校園或遊樂場引起社交問題。一個表現不好的十歲男生沮喪地回到板凳，踢開所有水瓶，他的憤怒（恐懼？）正拐彎溢出。控制憤怒是可以指導的社交技巧，這男孩應該學會妥善調整情緒。如果隊友以排斥回應他的爆發，只要有成人「訓練」他，隊友的回應將讓他學會控制行為情緒。另一種結果則是：若沒人理睬他的爆發，也沒人教他該怎麼辦，那他也不會懂得如何控制脾氣的。

吹噓。不斷吹噓自己棒球或籃球拿了幾座獎盃的男生，也可能從隊友或同儕得到負面回應。如果他有留意或有大人提點，他會「了解」並住嘴。這需要一種社會—情緒技巧，能理解其他男孩的感受，也了解自己內在的感覺。所有人際互動都由某種情緒能量支撐，我們要能辨識理解這些能量是多麼強大。這也再次說明，男孩為何需要指導如何處理情緒，而非加以漠視。

霸凌。對於霸凌這種行為，一般解釋是那在表達對於注意、權力的需求，或是報復，或反映出自卑情結。我認為霸凌男孩跟其他人其實一樣，他想感覺優越，卻以傷害人的方式來滿足與表現這種情感需求。全美許多學校已有霸凌防治方案，近來因霸凌造成的校園悲劇是部分原因。而儘管校方介入有其必要，父母及其他成人若不能直接回應男孩的需求和情緒（使他們不至於讓情緒「拐彎」成霸凌），真正的改變無由產生。男孩得先獲得幫助，懂得表達感受和需求，我們才能夠回應。

了解霸凌效應也很重要。霸凌的受害者也必須能向他人表達出他們的感覺，這種經歷才不會「化膿」或內化成某種信念（亦即「也許我真是個魯蛇〔loser〕」）。霸凌「奏效」的主因之一是，我們年紀愈小，愈容易相信別人對我們的看法。雖說強調要把受到霸凌這類負面經驗講出來，是老生常談，對男孩而言，那卻涉及違反「兄弟規範」（若覺得不安，藏起真實感受）。對霸凌受害者的介入，與對霸凌者的介入一樣：男孩要能對父母及其他信得過的成人吐露其感受和需求。

運動員與競爭性

團隊與競爭性運動的關係，占男孩社會化很重要的一塊。男孩無論是否運動，運動對他仍影響深遠，因為認同某個運動員或隊伍，是「兄弟規範」的其中一條。參加運動、不參加運動的男生，都被同樣的尺度評量；有些人夠格，有些則不——此時，「兄弟規範」之「不計一切代價取勝」即登場了。

我覺得，「非贏即輸」這句話應改為「有贏有輸」。競爭有助發展人格，卻也有其黑暗面，部分就在這「輸／贏」二分法。當體育活動只是跟對手競爭，結果就只有贏家或輸家。你仔細想，那世界很難生存：要不為王，否則只有為寇。這種「非此即彼」的思維，不讓人有別種可能。我認為，無論輸贏，雙方實際都被剝除人性：一個超越常人（超級英雄），一個不如常人。

若一個人自我核心跟求勝綁在一起，那需要極其強大的心理防衛，也許是常態性的攻擊性與高度警覺，以抵禦失敗的恐懼。這樣只知求勝的狀態，將使情緒發展付出代價。不計代價、時時刻刻只想求勝，很難產生同理心。

所幸，競爭也有其正面效應。團隊運動可鍛鍊多種情緒：挫折、憤怒、喜悅、驕傲、窘迫、決心等。運動為情緒的表達與控制提供無數機會，只要打過網球、高爾夫或籃球的人都知道，一場球賽下來可碰到多少次這樣的機會（一個朋友曾如此形容打高爾夫：當你打出欄杆，會很想自撞火車；揮出一記好球，則樂得又叫又跳）。確實，當男孩透過競爭建立一種努力不懈、精益求精的自我——無論成果如何——那麼，運動的競爭是有助培養健全情緒的美好體驗。

友誼的重要性

與人親近的能力，是深刻情誼及永久關係的核心。親近涉及許多不同的經驗與技能，其中包括信任的能力，還有同理自我與他人的能力。而許多男孩在社會化過程學到的，卻是透過結伴活動來建立友誼。這不僅能走入比較「內在」的面向，例如親密的對談、傾聽。確實，多數男孩的友情建立在運動和打電玩，以及更多的運動和打更多的電玩之上。我記得我看過兩個七歲女孩看影片的情形，兩人靠在沙發裡，一人把頭放在另一人的肩膀。這在同齡男生是何等罕見啊。有哪些社會及生物上的原因，形成這類差異，各方仍繼續爭論，而我在這裡只想強調：男孩跟女孩一樣，也要能打造以親密、信賴、同理為主的友誼，而他們為什麼不呢？

當男孩擁有能信靠、可傾談的朋友，這份友誼便為精神健康帶來某種程度的保護，當生活的其他面向造成痛苦，這裡成為可以放鬆的中立地帶。我在諮商中碰到的孩童和青少年中，受苦最深的總是那些沒有親密好友的。而找到朋友並不容易，維持情誼更需要花很多時間，下許多功夫，還要有社會—情緒技巧。

或許，跟男孩表達情緒最有關的是，男孩需要有能夠讓他「說出一切」的對象。男孩若沒人能講出心中情緒或「重要事情」，會出現幾件事，其一是他們將把情緒藏在心底，而這些情緒將拐彎以負面舉止現身（哭鬧、霸凌等），也可能表現為身體健康上的症狀。

另一個可能的結果是，他們不懂挑選可靠的對象，恐怕會把內在感受向不值得信賴的人和盤托出，結果會很糟糕，尤其對一個以違背「兄弟規範」為代價的男孩而言。坦露自己的脆弱卻慘遭打擊，會讓「兄弟規範」變得更有魅力。

所以，男孩需要練習友誼的基礎技巧。除非知道怎麼跟信賴對象談心，他們很容易找錯對象，不然就是壓抑情緒。恪遵「兄弟規範」、「純粹一起活動」的友誼，跟真正交心的友誼不同。說起來，男孩幾乎都要經過指導，才知道如何「深交」，並長久維繫。童年有摯友的體驗，就是長大發展情誼的技巧練習：傾訴、聆聽、依附、支持、爭論、諒解……以及一切相關情緒，從恐懼到關愛。

不符角色期待的舉止行為

討論男孩的社會化與人際關係，不能不談到「不符角色期待」的行為。那泛指一切不符傳統認定的性別角色之舉。對男生來說，那就是不夠所謂的男子氣概、有違「兄弟規範」的行為。

當男孩逸出男子氣概的刻板模式和角色而受罰，這種體驗來得太早，處分太嚴厲，持續地太久。女孩則不然，一個打壘球、跑田徑的高中女生，較之一個跳芭蕾、聽爵士或沉迷詩作的高中男生，前者所受的處罰要輕的多。

膽小鬼／娘娘腔元素、怕被說是女生，是男孩陽剛面發展上的詛咒。我認為，擔心不符角色期待而遭致處罰，是男孩難以表達情緒的頭號殺手。每個男生在某個時候，總會因不同於他人而遭排擠訕笑，但因不符角色期待所受到的恥辱和處罰，恐怕是他們情緒「消失」的主要原因。害怕受到處分，他們乾脆從身上剝掉情緒。

結語

情緒常被視為負面感受，像是憤怒、悲傷、恐懼。在我們的文化中，「別這麼情緒化」一語，帶有輕蔑意味。這表示，歡喜、驕傲等正面情緒，也沒怎麼受到重視。如果你是男孩，擁有和表達正面或反面情緒，往往是一種禁忌——是恥辱的標記。但情緒本屬人性，男孩子也是人。能感受快樂與悲傷、驕傲及恐懼，只是完整為人的表現。我認為，能擁有和表現所有情緒是每個人生來的權利，男孩也不例外。

當你想過男孩的社會化過程，以及他們不符那窄化的陽剛定義（例如「兄弟規範」）而受到的處罰，就務必時時觀察這個社會化的過程少了什麼，隨時予以補充。如果男孩無法從家庭、學校、社區學到完整做人，他們要從哪裡學呢？

點出「兄弟規範」的負面影響之後，我想有幾點必須澄清。我絕非主張男孩不該歸屬一夥，或以為「兄弟規範」沒半點好處。人生某些時候，確實需要戴上某種面具，拿出「非贏不可」的精神，使出堅持到底的強硬。我要強調的是，如果「兄弟規範」是唯一守則，男孩的情緒發展就可能受到傷害。最起碼，他們需要一些替代方案。

第三章

男孩的情緒發展歷程

出生到青春期這段期間，男孩的情緒受到危害：

我們的目標是，防止這些情緒消失滅絕。

吉米是大家喜愛的那種男孩。他在小學雖然功課不好，足球卻踢得很棒，而且生性風趣。看著他你無法不笑。但這些在他進入高中後卻瞬間消失，他放下足球改溜滑板，頭髮留得很長——儘管爸媽不甚贊同。拿到駕照不久，鄰居常看到他開著新車四處橫衝直撞，擋風玻璃打上「無懼」字樣，似乎頗符合他投射出的形象。諷刺的是，當吉米駕車兜風展現一無所懼時，他的父親正性命垂危。

本章切入「男孩感受到什麼？」與「我們如何協助男孩健全發展？」等議題，來討論他們的情緒發展。吉米車前那個「無懼」標語（很多男孩的T恤上也可看見），意謂男生不覺得恐懼。看到男生車子衣服上有此標語似乎很自然，如果出現在女生衣服上，好像就沒這麼自然，為什麼不呢？一種答案是：我們的文化允許女生感到害怕，卻不許男生如此。「無懼」這標語，符合這文化對所謂男子氣概的「自然」印象，卻跟自然人性相差甚遠。人只要活著，總有感到恐懼的時刻。

我認為這無懼標語是男孩在當代社會化的象徵。此外，這是一種心理矛盾，確實描繪出男孩情緒發展的兩難：男孩不能感到恐懼，但同時，他們必須要能感覺恐懼……或其他種情緒，否則心理層面不可能健全。

「秉性」於情緒發展所扮演的角色

前一章介紹過的秉性，也可說是情緒反應變化、敏感性的風格或傾向。跟情緒一樣，秉性也涵蓋生理和心理元素。大多數理論家和學者都同意，基因和秉性之間有強烈關聯，有些並主張：五成的秉性決定於基因。確實有證據顯示，有些兒童會繼承父母經歷某些恐懼狀態的生理特性。

秉性類型

秉性對於情緒發展的影響，是它的一項重要功能。一個例子是孩童的回應性（reactivity）程度。擁有維爾納（Werner）所稱「隨和型」（easy）氣質的小孩，遇到有威脅性的事情，交感神經系統的反應（血壓升高、心跳加速）程度較低，行為上也較少苦惱症狀。從科學角度來說就是，這種秉性以某種方式抑制了邊緣系統的生理反應。就日常生活而言，這種氣質的男孩被嚇到時，感受或顯示出來的焦慮，跟「敏感型」男孩不同。長大後，他比較不容易有焦慮或恐懼症，跟秉性害羞、緊張的男孩相比更加明顯。

針對孩童秉性的研究已有數十年。湯瑪斯（Thomas）、契斯（Chess）和博奇（Birch）是這方面先驅，長期觀察秉性之穩定性。兒童心理學家傑羅姆．凱根（Jerome Kagan）研究「大膽到羞怯」間的秉性光譜。較近期也有學者為一般讀者撰寫這方面的主題。之所以呈現這些資訊，不是說你能嘗試改變男孩的秉性，而是認為，家長及其他成人要曉得秉性差異這件事；這個認知，有助於面對男孩應付這世界而表現出的不同風格。最終，父母也會希望讓孩子了解本身秉性，懂得如何自處。

湯瑪斯、契斯和博奇的一項開創性研究，將兒童分為三大類（隨和型、慢熱型、難應付型），並列出五種秉性向度，包括：規律性（吃睡模式）、趨避性（與父母分開的適應性、嘗試新活動）、適應性（對於環境改變）、反應強度（對大小經驗）、情緒本質（影響範圍：碰到可悲事時悲傷，快樂事則開心）。

威廉・凱瑞（William Carey）後來也針對秉性進行研究，發現其中更多面向，諸如：反應程度、注意力分散程度、對新事物的反應、堅持度、節奏性（regularity）、敏感性。與其他學者一樣，他也認為基因決定了一半的秉性。稍早的分類如「隨和型」、「難應付型」仍有研究採用，但主流文化漸漸轉用「精力旺盛的孩子」（the spirited child）、「倔強的孩子」（the strong-willed child）這類名詞；「叛逆、好動的孩子」（challenging child）一詞，甚至被放進五大類型，你可能立刻可以聯想到符合這幾種描述的小孩。

研究學者與理論家眼中，情感調整（控制情緒的能力）及情緒開放性這些情緒技巧，都是秉性的不同面向。確實，情緒與秉性在許多層面環環相扣。一個男孩的秉性可能會決定他表達情緒的程度，相對地，父母對此的反應又將影響他的情緒表達。

看看這些理論用在小勞爾身上的情況。小勞爾秉性屬於「隨和型」，很少為任何事煩心。嬰兒時期不哭不鬧，幼兒時期對周遭總是輕鬆以對，情緒本質相當正面，很能適應改變（包括十歲時去露營過夜，完全沒哭）。勞爾的爸媽看著這樣輕鬆自如的天性，相信他的人生的情緒層面不需要太多幫助。這是這類孩童家長常有的反應。他似乎毫無問題，所以沒必要跟他討論情緒（或是委婉的說法：「問題」）。這種態度可用那句俗話歸納：沒壞的東西幹嘛修？然而，男孩的情緒就是這樣遭到漠視。

連結情緒與秉性

當父母以為什麼都不會對兒子造成困擾，他們往往也忽略了兒子負面與正面的情緒，結果就是，兒子無以「練習」思索、談論自己或別人情緒的機會。他學不到一些重要的情緒智能，像是分析、接收自己與他人的情緒。所以，即便男孩秉性安樂，如果大人未將他的情緒鏡射給他，他將較不能健全地發展出辨識、表達、回應情緒的能力。所有男孩都如此，無論秉性如何。難應付型（有攻擊性、衝動急躁）與慢熱型（焦慮或害羞）的秉性，相對比較容易獲得父母關注。而決定父母如何回應兒子的不同秉性和情緒的因素，包括：他們對於秉性的認識，是否知道「兄弟規範」、受其影響程度如何。

男孩情緒與秉性之間最有趣的一點，或許是，在青春期結束之前，大多數男孩的情緒表達看似相當。外向的、羞怯的，照著同樣規則表現。直接的情緒表達，通常僅限於堅忍、攻擊或偶一為之的友善拍背。運動勝利，是少數男孩能自在表現雀躍激動的地方。要避免這樣有限的情緒表現，可從男孩牙牙學語時就鼓勵他們說出感受，進入青春期也持續鼓勵他們這麼做（見第四章）。

當你繼續閱讀本章，務必記住：無論男孩秉性本質如何（注意力廣度、活動程度、敏感性、心情等），每個男孩都需要情緒智能技巧。這些技巧的「樣貌」，則根據男孩年齡與秉性有所不同。但我想，你在下個段落看到孩子多小──一出生──就能感受情緒，你會頗感意外。

情緒發展時間軸

以下篇幅描述男孩情緒在五個年齡層的發展及社會化。各種情緒技巧都有涵蓋，但重心放在情緒表達上，因為這是奠定男孩一生健全情緒發展的基礎核心。強烈建議五個年齡層都要讀，以充分了解男孩的過去，現在，未來。

出生到三歲的情緒

出生到三歲太重要，太多事情發生在這短短幾年。包括心理學家和小兒科醫師在內，人們曾相信嬰兒除了飢餓、激動（arousal）之外，什麼都沒感覺。而雖然評估嬰兒情緒不易，心理學家仍達成頗多進展，當前的發展心理學家認為，三歲前已發展出多種情緒。

零到三歲的情緒（及可觀察的行為）

零到三歲的情緒及相關行為，包括——**新生兒**：生氣（哭泣扭動）、恐懼（驚嚇反射）、厭惡（嚐到苦味做出鬼臉或吐舌頭）、開心（微笑）、滿足（不躁動）；**三個月大**：喜悅（對他人的快樂表情作出回應）、憂慮（對他人悲傷或生氣表情作出回應，或許是同理心的前兆）；**兩個半到六個月大**：悲傷（臉部表情）、驚訝（臉部表情）、恐懼（臉部表情）；**八到十個月大**：社交焦慮（觀察照顧者對自己情緒的反應，或許是情緒調整的前兆）、害怕陌生人（哭泣或拒絕與生人說話或對望）；**一到兩歲**：歡欣（開心尖叫）、決心（使性子）、窘迫（視線轉開、下巴收起，也許會臉紅）、羞恥（視線轉開、下巴收起，也許臉紅）、罪惡感（視線轉開、下巴收起，也許臉紅）、驕傲（有所表現之後微笑或拍手）、憤怒（更強烈的使性子）；**三歲**：同理心（對他人的悲哀、疼痛、開心等有所回應與「感受」）、情緒調整（根據文化上的表現規則隱藏某些感受，例如男孩疼痛時也許不會哭，因為人家教他們「大男孩不哭」）。

嬰孩及幼童不僅有感受，像是辨識或接收他人情緒、調整自己情緒的能力，也能了解他人的情緒。這是發展心理學中「情緒分離理論」（discrete emotions theory）一項重要元素，該理論認為，基本的情緒和情緒技巧出現與作用的時機，就在出生或出生後不久。果真如此，那麼，父母與照護者回應男孩情緒的重要性，實在就始於生命之初。

男孩從出生到三歲的社會化

男孩在三歲前受到的呵護，恐怕超過人生其他階段，此時他們被擁抱寵愛，還有鏡射。他們被親吻愛撫、悉心照料。這大概也是男孩一生中，能不覺得害怕或羞恥地尋求這類情感的時光。於是他們在此發展階段會比較熱情，也就不令人意外。想想看，我們常看到男嬰、學齡前小男孩伸手環抱父母或其他大人，毫無拘束地獻上親吻（通常沾了一堆醬）。也常見於小男童，對媽媽或爸爸高喊：「我愛你。」沮喪時他們也坦然承認自己的難過，或即刻放聲大哭。

展現真情和哭泣，都是情緒表達的形式。我們這個文化對於男孩在此年紀的情緒流露，比起他們長大後要來得寬容，或者該說，比較自在，因為那種擔心「男孩不夠陽剛」的恐懼，在此時期還沒到頂峰。這並不意謂「兄弟規範」沒有影響父母和其他照護者對小男生的回應。從「X嬰兒」研究（前一章曾提及）即可看出，嬰孩性別會引發怎樣的刻板回應。

面對男孩自出生到三歲的秉性

不同的秉性，即便在這麼小的年紀也能看得出來，當中很多部分會影響男孩的情緒表達，相對也影響別人給他的回應。舉例來說，「敏感」的男嬰，要不引起爸媽等大人的呵護，要不就是產生「把他鍛鍊強悍」這種反應。有些大人讓男的嬰孩與學步兒大哭，作為進入幼稚園、「真實人生」或男子氣概的準備；有些則予以安撫，讓男寶寶得到必要的安全感。很多父母刻意不理會兒子的敏感，怕他將來變成「娘兒們」。

依附之重要。出人意料的是，情況其實相反：安撫一個敏感的男孩只有認可他的感受，並不會強化這種表現。對於敏感男孩的父母而言，這是很難接受的觀念——背後需要的行為更難。無論大人怎麼做，許多秉性特質基本上不會變，因此刻意把一個敏感男孩鍛鍊強悍，其實並不能「治療」他的敏感天性。對這種氣質的男孩，無論任何年紀，最有療效也最健康的回應之道，是反文化的回應：關注他受傷的感受，給予撫慰，再教他如何處理自己的強烈感情。

安斯沃斯、布雷赫（Blehar）、沃特斯（Waters）以及沃爾（Wall）所做的垂直性依附研究指出，初生兒在生命第一年中，若哭泣即受撫慰者，將哭得比較少——接近一歲時。這些寶寶也顯得比較有安全感，比較獨立，與照護者之間也比較融洽和諧。其他研究也做出同樣結論。這項有關依附理論的經典研究，有助扭轉之前認為，讓嬰兒哭能讓他們學會安撫自己的觀念。實際上，必要時給予嬰兒安撫，也是重要的鏡射過程之一；鍛鍊手法則可能會促成（還有其他許多結果）男生情緒的消失。若情緒在生命這麼早的階段就不見，想再尋回它們，將得付出很大的代價。

怎麼做。我之所以先用敏感來解釋秉性，是因為男孩這項特質最易引起父母擔心……在「兄弟規範」的影響之下。敏感可能構成男生「慢熱型」與「難應付型」的趨避（approach-withdrawal）行為；而「輕鬆隨和」小孩的情緒容易被忽略（在此年紀與其他年齡層皆然），因為他們沒出現什麼使人留意其感受的強烈舉止。「難應付型」或「慢熱型」男孩的秉性特質跟情緒表現的關聯，很容易看出。哭鬧、羞怯、攻擊及其他對立性舉止等，這些強烈行為就像吱吱作響的輪子引人注意，而那些沒透過行為流露情緒的男孩，比較不會引起照護者留意。

如何回應零到三歲不同秉性的男孩，主要有兩種方法：

★**與其遵循「兄弟規範」，不如信任你的直覺。**多數父母說，當男嬰、學步兒或學齡前男娃因疼痛而哭，他們會想去安撫他（很好，儘管去吧）。而如果他耍脾氣使性子，就不想這麼做（是的，給他空間冷靜下來，之後並且設限）。

★**先適應秉性特質，再努力朝反方向「延展」（stretch）。**這個過程乏味冗長，父母小孩都得投入很多時間，有人說要花上一輩子。試想你所知的某位害羞的成人；他可能是位成功的演說家，因為他曾往那個方向「延展」。這樣的延展需要相當努力，由於他本性羞怯。以發展心理學名詞來說，他可能有所謂慢熱的氣質。這種男孩在學步或學齡前，處於陌生情境容易退縮，帶點負面心態，有情緒反應。父母可慢慢帶他接觸這些人和情境，而非一味遷就他的退縮。同樣地，「難應付」（衝動或躁動）的小孩，要試著慢下來、抱著正面心態、別往反應太劇烈的方向延展。男孩要往秉性的反方向延展，需要很多指導。

父母如何改善零到三歲男孩的情緒發展？

鏡射。在此生命初期，協助男孩情緒順利發展，最重要的介入手法之一就是「鏡射」。第二章已介紹過，鏡射是一種協調，父母藉以反射孩子感受、想法、行為的特定舉止。語言並非必要，當寶寶歡欣微笑，父母以同等歡欣微笑以對，這是鏡射。當孩子傷心，照護者回以同等哀傷的表情，這也是鏡射。說出「你這麼開心呀」或是「你看來好難過」，是以語言鏡射。爸媽本能會用臉部表情對嬰孩鏡射，隨著孩子長大，逐步擴大到以語言取代。

父母可在對小孩鏡射的同時，予以設限。舉例來說，當學步兒生氣亂丟東西，父母可同時鏡射和設限，說道：「你可以生氣，但不能亂丟東西。」教導控制脾氣的下一步，告訴孩子生氣時可以怎麼做：「你可以告訴我你很生氣。」或「你可以先回你房間冷靜一下，再回來講給我聽。」兩種方式都能讓男孩學到該用語言而非強烈肢體表現。但首先，他們必須認識這些情緒的名稱，在這些情緒升起時，明白自己正在經歷什麼感受。

指認情緒。男孩認識感受，永遠不會太小（或太老），愈早學會這些詞彙愈好。當男孩正有某種情緒時，指出它（這也是鏡射），就這麼簡單。如果是在缺乏情緒表現的情況，父母可能得推測兒子正有的感受。舉例來說，當羅伯特眼睜睜看見可怕的表哥，慢慢地（也是故意地）把他最愛的妙妙狗（Blues Clues）拼圖推落地面，生氣是很自然的。如果他什麼都沒說也沒反應，爸媽不妨講：「噢，羅伯，我真遺憾你的拼圖被米夏弄壞了……如果是我，我會很難過或很生氣。你是什麼感覺？」就算羅伯特說：「我不知道。」你仍藉著示範、指涉情緒，對他展開了重要的情緒技巧指導。

示範。情緒示範是另一種型態的指涉，是通過你的行為和語言。模仿可以（並且應該）發生在男孩各個年齡層，從出生直到青春期。這種情緒指認，可能是鼓勵男孩表達情緒最簡單卻也最有效的方式。為什麼？因為它能同時做到兩件事：㈠它幫忙發展出辨識情緒的技能，因男孩可觀察到別人做同樣的事；㈡它讓男孩的情緒正常化。舉例來說，父母可與兒子分享他們有類似感受的故事。如果羅伯特聽到爸爸在耳邊低語：「覺得生氣沒有關係……我還記得小時候我表弟把我的樂高積木整個搗毀時，我簡直氣到不行。」就這樣，羅伯得以去感受，也得以去談論他的感覺。

男孩出生到三歲，大人如何影響所在社區？

關於男孩在這階段——其實，在所有階段——的情緒發展，我認為家庭是可以影響所在社區的。男子氣概主要由男性打造維護，所以社區成人影響力主要也必須由男人挑起，示範男孩情緒發展的重要性——與大家對此的包容接受。情緒及相關行為不在真空狀態發生，事實上，男孩和男人的情緒表達，是家庭、學校或其他公共論壇的注目焦點。

男人的獨特角色。試想這幕畫面：大約十五個鄰近家庭齊聚一堂聽一場演講，演說進行到一半，米奇來到室內中心點，正好面對講者。他趴到地上表演起手中的玩偶，看來是很有趣的安排，霎時米奇卻出其不意地哭了起來。他爸爸毫不遲疑地走上前將他抱起，輕拍兒子的背，在他耳邊輕聲安撫。幾秒之內，米奇停止了眼淚，請爸爸把他放下，回到原地繼續表演，非常開心。

米奇需要（也得到了）的東西，依附理論上稱為「再充電」（refueling）。剛會走路的幼兒，大約十二到十八個月大，忽然意識到自己孤單一人，這讓他驚恐不已，需要觸碰到一個安全基地（父母、照護者）取得心理層面的「補給」。在上面這個例子中，供應補給者是他爸爸。三十年前在美國（如今在許多文化中依然），母親是這類心理補給的唯一供應站。

像米奇爸爸這樣公開流露情感撫慰，有助改變父親在提升男孩情緒發展上的角色。鼓勵父親扮演養育角色的方案，很能帶動大家對男孩情緒的包容接受。實際上，許多預防計畫和跨文化研究指出，當父親們積極參與子女照顧，這些社區及國家的暴力事故就變得較少。

在孩子還是嬰兒跟學步期的情緒發展方面，父親可給予支持。他們的影響能塑造社區對男孩們的回應。當整個規範有所變化，每個人都會注意到。大環境開始重視男孩子的情緒時，個人就比較會從善如流。重點是：襁褓及學步階段，男孩的情緒和女孩一樣，需要大人給予同樣的鏡射與其他輔助回應。社區和每個人也都可幫忙建立起這樣的規範。

四到七歲的情緒

就發展而言，孩子在這些年位於世界峰頂。史丹利・葛林斯班（Stanley Greenspan）將兒童這個成長階段，形容為「世界盡在我手中！」他們安然度過學步期（這可不簡單），獲得新發現的獨立（挺進小小班，沒有爸媽在身邊，跟一群小蘿蔔頭玩在一起），玩伴讓他們見識到廣大世界，無須擔心青春痘或名牌衣飾（時候未到）。雖然社會地位在這階段也起作用，但基本上，每個孩子都有機會在遊樂場稱王。

皮亞傑（Piaget）的認知理論，將這個階段的兒童放在前運思期（pre-operational thinking）後期，前運思期又稱直覺期（intuitive stage），意指兒童仰賴感覺而非邏輯。比方說，當兒童看著水從一個高而細的瓶中倒進矮而寬的盤子，他們相信盤中的水「較少」，因為看起來比較少。

此外，在此認知發展階段，孩童心中仍漂浮著「奇想」（magical thinking）之島……小羅伯知道噩夢不是真的，但他睡前還是會拉上衣櫃門，留著走廊燈，噴一些「噩夢閃開」之水——以防萬一。

認知這些資訊跟情緒發展有何關係？首先，情緒發展一定要同時考量認知發展（這是貫穿此書的一個概念）。男孩最初幾年的明顯情緒此時依然存在，然而心理上的連繫不同，他們現在比較可以思考自己的感受。因此，父母必須在這個階段提供很多情緒指引，設法讓之前即有的情緒保持活躍。

隨著男孩覺知「兄弟規範」對他們情緒表現的宰制，他們會從言談間留意到父母對此規範的態度，以不同方式銘記在心。舉例而言，亞倫一直期待著凱文的六歲生日派對，結果卻沒受邀參加，他大為失望。得知消息這天，他在家裡悶悶不樂。父母對此行為（他以悶悶不樂拐彎流露情緒）的回應，讓亞倫學到很多未來處理受傷情緒和本身脆弱的技巧。男孩在這個階段需要非常明確的情緒指引，因為他們觀察著、學習記取著父母對其感受所表達的每件事情。

出生到三歲當中，學習多半發生在感覺運動（sensory-motor）層面，大腦展開神經連結，語文前（preverbal）經驗可能存在身體。相對地，四到六歲之間，男孩能思索感受，以明確的認知形式記取那些感受。聽到大人說：「像個大男孩……別哭。」這階段的男孩會認定，覺得傷心是不對的行為，應該把悲哀之情藏起來。他們還不懂得有關情緒表現的規矩（也就是「兄弟規範」），但他們開始認為，自己出現某些感受是不對的，於是就學著隱藏起來。這往往就是男孩情緒「消失」過程的開端。

即便世界在他們手中，這階段的孩童對本身力量的一知半解，恐怕會嚇到自己。舉個例子，當小路克不能隨心所欲而大發脾氣時，他對著爸媽尖叫：「我希望你們出車禍！」之後衝回自己房間。一進到房裡他就感到極度恐懼，因為那有可能發生啊，畢竟他是遊樂場之王，整個世界任他操縱。

這種恐怖經驗確實發生在我輔導的一名十歲男孩身上。就在這男孩對著媽媽高喊這些字眼之後幾天，他媽媽果真出了車禍。這個十歲男孩很難理解，自己強大的情緒並不能導致車禍，但處在壓力之下，兒童（及大人）會倒退。這名男孩的因果思維，退到較前的認知階段（比較接近六歲大）。總結來說，父母要記住小男孩情緒多麼強大，尤其處在這個階段的直覺認知模式裡。

四到七歲男孩的社會化

從四歲到七歲，性別角色還有彈性，「兄弟規範」也還沒施展力道，但「情緒種子」已在幼稚園跟小學的前幾年種下，一有機會便將成長為狹隘的陽剛性別角色。除了家庭，教育經歷、團隊運動、社團，都將型塑這年紀男孩情緒表達的範圍。連結各種經驗與男孩表達情緒的能力的種種影響力之間，存有一些共同點，其中一點就是女孩。

恐懼女性化很早開始

女孩子跟男孩情緒表達消失有什麼關係?答:「間接關係」。女孩本身並不會造成男生情緒的消失,癥結點是在主流文化告訴這階段的男生有關女孩的內容。「兄弟規範」明講了,女孩子不「酷」。所以,男孩像女生很糟,可能還更糟,因為男生不是女生,如果他看似女生,那他不僅不酷,還簡直不像樣。在這個認知與社交發展階段,女孩象徵著軟弱、無力與種種「情緒之類的東西」。雖說這階段男女很有距離,女生展現典型陽剛舉止(喜愛運動、野地遊玩、熟知職業運動好手)跟男生展現刻板女生舉止(扮家家酒、盛裝打扮、哭泣)相比,顯然前者比較受到包容。這個對比即點出,在練習人際與情緒發展技能上,女孩比男孩得到社會更多容許。

男孩這個階段的社會化,似乎是那些更嚴格的性別刻板模式跟角色的向下延伸。「兄弟規範」與此脫不了關係,而主流文化則是這些價值觀的仲裁兼傳播者。

面對男孩四到七歲的秉性

住在郊外,父母都內向寡言,這樣一個怕羞的六歲小男生大概不喜歡說話,更別說像情緒這種私密話題,於是他沒什麼機會「練習」開口。另一個內向的男孩較有機會談論自己的情緒,處於社交情境就比較自在。但談論情緒本來就不是男孩會做的事。一個害羞男生能學著聊足球賽事,這不同於告訴某人自己怕打雷閃電。聊及感受是親密對談,需要信賴、有技巧的聽者,以及練習。

情緒表達的練習。練習表達情緒，要在每個階段的日常生活中發生。在四到七歲，這種練習多半來自觀察大人。兒子看到父親隱藏情緒，自然學會照辦。健全地模仿情緒表達是很有效的教導，因為這不僅為男孩指認出感受，也示範該怎麼處理。舉例來說，當父親告訴兒子：「我很擔心你媽還沒到家……不過我想她應該沒事……她大概只是遇到塞車。」這個模仿做到三點：㈠指認出（而非隱藏起）他的感受；㈡陳述了他的思維；㈢示範了處理憂慮或恐懼的應付技巧。當然，那還跟另一人建立起親密關係。所有這些元素都強大又簡單，能讓男孩認識情緒，學到處理技能。

我把探討秉性的焦點擺在最接近膽怯這種特質，因為男孩若本性害羞或敏感，父母對這種脆弱性格的回應，往往不是認可而是否定。巴頓（Botton）著作《真實的孩子》（*The Authentic Child*）裡面一則故事，過了十八年我仍縈繞於心，我想原因是透過一個小故事，它清楚展現我們最常安慰孩子的方式，其實如何忽略了他們真正的需求！

故事中，一名五歲男孩因為媽媽遲遲未歸而焦灼不已。上床時間到了，他想媽媽想得哭了起來。爸爸告訴他沒什麼好怕的，媽媽很快就會到家，結果男孩哭得更厲害（因為他的感受沒被聽見）。這位父親以為自己講的話能夠安撫兒子，但現實中的確有值得擔憂的狀況，所以這小男孩要不就是「讓自己的感受消失」，要不就一直哭到爸爸能肯定他的恐懼。這時的肯定之詞可以是：「真的，媽媽沒有準時到家真教人害怕，簡直無法入睡。」恐懼感一經確認，就有辦法想出因應對策。

我們要將男孩的情緒鏡射回給他們，正視其內心世界、他們的真實自我。缺乏照護者的情緒確認，男孩難以舉步學習處理情緒（除了任憑它們消失）。男孩通過一項經歷，往往只有一半受到肯定；他們得到安慰的想法，卻沒有學到自己的感受。

時時關注男孩的感覺。在此階段要練習表達情緒，除了模仿和鏡射，更需要直接指認出男孩的情緒，並協助他們自己能說出那些情緒。每天練習能幫助他們熟悉，甚至讓他們能自在地使用情緒語言。舉例來說，老師留意到喬伊對自己的書寫相當受挫，他握筆姿勢古怪，始終寫不好字。喬伊從不曾談起這個問題，恐怕他自己也一無所覺，只是成天抱怨要寫的功課，想盡辦法賴過不做。在此情況下，情緒表達的練習可以這麼簡單：「喬伊……你對寫字覺得挫折是可以理解的，換作是我我也會。我能怎麼幫你呢？」根據男孩不同的秉性，父母師長會得到各種答案，從「沒事……」到被挫折壓迫到聞言大哭的都可能。重點是把那情緒指認出來。我認為，大人在跟男孩練習指認情緒時，男孩在情緒被指認出以後的反應如何並不要緊，只要情緒切實被指出，練習便已達到目的。

在此階段，無論男孩秉性如何，大人要教導他們情緒的反應和行為，可以施展的空間很大。不管是「隨和」、「慢熱」或「難應付」，每個男孩都需要練習指認及表達情緒。「難應付的孩子」，可能會排斥任何探向其內心世界的嘗試，他們的父母常忍不住想放棄做此練習。過度活躍的男孩也是，要他們乖乖坐著上課都很難，更遑論去談什麼感受。但這兩類男孩仍需練習指認各種情緒，了解那些情緒究竟是什麼感受。

父母如何改善四到七歲男孩的情緒發展？

這個階段的男孩雖較常跑出家門，但家庭仍是他們的生活重心。這是父母一定要記住的一點。兒子沒有落入「兄弟規範」之手（時候未到），但這年紀的男孩，漸漸察覺「兄弟規範」關於情緒表達的規定，也敏銳感知父母對此規範的立場。所以在此階段建議，父母要每天跟兒子做此練習，尤其在確認感受方面。

談論感受。這個練習就像在打「兄弟規範」預防針，這包括模仿或直接反映兒子情緒。在這個階段，就情緒展開普通對話也很有幫助。若沒有父母指導，男孩（和女孩）可能就無從得知自己的感受是很重要的，因為主流文化仍貶低情緒表達，往往視而不見，除了恐怖電影。

最近我幫一個七歲天才男孩進行智力測驗，他的智商極高，卻無法從幾個選項中挑出「生氣」的定義（正確答案就是：生氣是一種感受或情緒）。當下我覺得這實在匪夷所思，這麼聰明的男生，對這麼普通的情緒竟沒有語彙知識。教男孩學會感受名稱，其重要性無以言喻。除了「傳統」的對話，坊間也找得到卡片遊戲教這年紀的小孩認識情緒及如何處理，很多遊戲適合全家一起進行。

別忘了示範正面情緒。父母和其他家人務必時時謹記：正面與負面的情緒表達，對男孩的情緒發展都很重要，父母能確認與指稱各種情緒極其重要。我再三強調，正面情緒不僅正常健康，更是精神健全的避震器。所以當男孩感到榮耀、興奮、開心等，父母要加以指稱，反映給兒子，就像他們意識和鏡射負面情緒給兒子一樣（透過偏差行為，負面情緒常更容易引起父母留意）。

當男孩學會各種感受之名（那在這年齡層頂端應該可以做得相當不錯），向他們練習表達最簡易有效的方法就是，無論碰到什麼事情，就問他們：「你的感受是什麼？」以此銳利語句提問的練習，可從這年齡開始（實際上要更早），持續走過整個青春期。這就等於問說「你的看法如何？」只是強調情緒層面。就自我發展而言，這也是個非常表達理解（validating）的問題。

男孩四到七歲，大人如何影響所在社區？

隨著男孩越來越常踏出家門往球場、教室、教堂或各類活動跑，他們的社群範圍變大了。每一種環境自會改變或強化男孩情緒表達的規則。要牢記，只要男孩聚在一起之處，大概就受「兄弟規範」暗地操縱。因此，只要大人能在任何場合質疑這些規範或提出不同的表達典範，都有助於加強男孩健全的情緒發展。

改變「兄弟規範」的基準。作為社群領袖的大人，特別能幫助「重行規範」男孩的情緒表達。這些人包括老師、教練、青少年領袖、教會領袖，或有跟男孩相處的任何人。教練有特殊的影響力，在作為運動員和取勝層面上，他們就像「兄弟規範」的守門員。以「要強悍」、「別管疼痛」一手法帶隊的教練，一定要教男孩分清楚：在場上要強悍，其他場合則要明理。

若教練沒能使男孩理解：別把運動的競爭性帶到其他社交層面，父母就必須做到這點。除非有男孩尊敬的大人教導他們這項區別，否則他們會把「要強悍」的思維滲透到運動、競爭以外的所有領域。

我輔導過一名高中足球員，他從七歲就開始投入這項運動，到高中時已成功地鎖住其他所有情緒。他常拿刀割自己的臂膀，為的是感受那種情緒上的疼痛。果真是強悍到了一個程度。

教練以外的大人，比較不會刻意去壓制男孩較柔軟的情緒。很多教練在要求男孩別管疼痛、恐懼時，是有其特定目標的（像是求勝）。其他大人漠視男孩的脆弱感受，則往往出於抗拒男孩表達情緒的文化背景。然而，若大人與此階段的男孩相處，能正視其情緒而非選擇漠視，將為男孩帶來莫大幫助。最頂尖的教練便深諳此道。他們不僅強調情緒在運動扮演的角色，更引導運動員善用情緒。這些教練並不要學生不管疼痛恐懼，而是要他們正視這些情緒，加以轉化，以提升表現。

教育。社區可協助男孩情緒發展的另一途徑，是透過學校的「情感」（affective）教育。情感教育是指教育「全人」學生的課程（包含感受、處理技巧、溝通技巧等等），而非只教學業科目。校園心理諮商就是情感教育常見的例子。

這類努力有助於「打破」「兄弟規範」的魔咒，讓男孩的情緒發展不受負面影響扭曲。在丹尼爾．高曼的暢銷書《EQ》（*Emotional Intelligence*）中，列出許多廣受採用的校園情感課程，解決學生情緒方面的需求。

八到十一歲的情緒

如同之前階段，小時產生的情緒仍在（或說應該在），可能到這個階段才出現的有「交織」（blend）情緒的能力。交織是指針對一個人、一件事或一個物體，能將某種思維與某種情緒融合，或是融合兩種不同情緒。舉例來說，一個男孩可能同時對妹妹感到又氣又愛；如果他能自覺這兩種感受，就比較不會在發火時動手打她。學者指出這種對特定對象交織正負情緒的能力出現在此階段，但我發現，有些男孩五歲就知道如何交織情緒。

交織是一種成熟健康的技巧，有助調整情緒，因此，懂得如何將想法與感受混合，有助心理衛生。試想一個感到害怕的男孩，懂得在這情緒上融入撫慰的想法，於是他不致因為恐懼而無法動彈。不像那種非人性的「無懼」，當男孩知道交織自己的想法與感受，他發現自己可以體驗恐懼，加以克服。

實際上，有一種頗有效的心理治療，就是以此交織為基礎。這是我在諮商歷程中發展出的方法，名為認知—情緒—行為治療（Cognitive-Emotional-Behavioral Therapy, CEBT）。顧名思義，那涵蓋三個層面的介入：思考、感覺、行為。我發現，找出內在思維跟外顯行為背後的情緒，加以處理，這對小孩與大人都很有幫助，能有效解決問題，發展情緒智能。根據此種療法發展出的技巧，家庭或學校都可採用。

男孩在八到十一歲這個階段比較能交織想法與感受，因為此時他們「發展出」新的認知技巧，不再純粹仰賴感官或直覺，能夠觀察、演繹、推斷。看著水從高瘦瓶子倒進寬扁盤子，他們能理解水量相同。基於對周遭更精確地觀察，男孩自然開始尋找處理情緒的提示。若沒有父母給予教導，他們就只能仰賴「兄弟規範」。

八到十一歲男孩的社會化

七歲以後，男孩與朋友、同儕、家人以外的人有更頻繁的接觸。此時可能會持續參加團體運動，而且不像小時男女同隊，現在傾向全部都是男孩的隊伍。他們可能也首度發展出認真的嗜好（藝術、音樂、蒐藏），開始探索自己是誰，喜歡或不喜歡什麼。也是在這個時候，「兄弟們」開始牽著他們走。

「兄弟規範」影響漸深。何以「兄弟規範」此時影響勝過之前？可能因為跟外界接觸增多，其中許多人是此規範的遵循者，尤其男孩們。看他們從事什麼活動及嗜好，選擇哪些朋友，有的男孩受「兄弟規範」影響更深。舉例而言，極度認同陽剛刻板模式的男生，就會遵守「兄弟規範」，因為這顯然是成為「真」男人最好的道路。他將避開芭蕾舞課程（即使他很喜歡跳舞），他會去打棒球、足球、曲棍球，或任何「真正」的男性運動（即便他沒有很喜歡）。總之，如果他期待獲得主流文化的認可，他就比較會遵循「兄弟規範」。有些男孩不然，因為他們有找到彈性選項。

我們需要「兄弟規範」的替代方案。主流文化裡，可接受的「兄弟規範」其他選項很少（不存在？）。但時不時地，會出現一個找出其他選項的勇敢男生，即使在似乎毫無選擇的情況下。

我記得這麼一個十一歲的非裔美國男孩——傑瑞米。他剛轉學到一間中學，是該校少數非白人男孩之一。就許多方面來說，那是一段艱難時光。中學階段本就充滿挑戰，別提你是轉學生，更別提你屬於少數族群。傑瑞米極為渴望被老師同學接受，他想，從事運動應該有用，便決定先加入一個社區足球隊一年，之後再進入校隊。他相信這樣一定能交到朋友，受到尊敬。畢竟，這是在跟著「兄弟規範」走。

結果呢，第一場足球比賽下來，傑瑞米便了解自己一點也不喜歡這項運動。套句他的話：「太恐怖了……很痛……所以我退出了。」更有意思的是，他並不因此羞愧。他沒有隱藏那些脆弱情緒，坦白告訴爸媽、爺爺奶奶他不喜歡足球，因為很恐怖而且會很痛。那一刻我明白，傑瑞米不會有事的，看他如何面對處境就可以知道。他忠於真實的自己，當明瞭自己有所選擇，也看出「兄弟規範」對當下的自己不利，便坦然將其放掉。

面對八到十一歲男孩的秉性

四到七歲所談的，大都適用於此。扼要總結，必須持續指認感受，隨時詢問男孩對事情的感受，無論他們秉性如何。這個階段的最大差別在於，同儕對其秉性與其情緒表達的影響。更正確點說，「兄弟規範」對秉性的影響。

更多「延展」工具。多數秉性特質會持續整個童年和青春期，包括功能性和沒那麼功能性的都是。但這並不意謂這些人格特質無法調整。男孩年紀愈大，就有更多技巧往本性相反的方向「延展」。較小時，害羞或敏感的男孩，幾乎沒有認知技巧幫他們度過社交場合；性格急躁易怒的衝動型也是。年紀小，感覺與生物本能要比認知能力「強的多也大的多」。

我輔導過一個秉性「難對付」的男孩，而當他到十二歲，發現有辦法在自己生氣時「叫自己冷靜下來」（用他自己的話）。九歲時，他學會不再亂打人或亂丟東西，十二歲，他教他爸媽生氣時怎麼平靜下來。

整體而言，這個階段新出現的認知技巧使自我對話成為可能，讓羞怯的男孩得以平靜，激動的男孩得以冷靜。這個時期，父母可以也必須探索這些嶄新、持續發展的認知技巧，以協助兒子調整人格特質。

父母如何改善八到十一歲男孩的情緒發展？

當男孩懂得如何指認自己的情緒，就得學習怎麼辨識與了解別人的感受。當然，練習這項技巧可以也應該從更早開始，但在八到十一歲這個時期，男孩發展出更高層次的認知能力，接近十一歲能做更多抽象思考，因此更能理解他人的立場。

記住，若男孩此時還不能輕鬆地辨識、指認不同情緒，就需要更多練習加強這塊基礎情緒技巧（事實上，這項練習應當時時進行，任何階段都是）。父母可開始協助兒子理解自己情緒的複雜，包括怎麼分析複雜情緒，怎麼回應他人情緒。

一項有用的工具。一個教男孩怎麼接收和分析情緒的技巧，我稱之為「客觀處理」（processing with distance）。這是利用第三人來幫忙探索男孩的感受或反應。很簡單，詢問假設發生了什麼，那麼某人會有什麼感受。透過這個問答，一次可練習到多種情緒能力的技巧，指出感受名稱，預期會有何種情緒，如何分析複雜情緒，如何同理別人。

這項技巧對此年齡男孩會有效，是因為它在男孩與他自己的情緒之間，拉開一道安全距離。舉例來說，當媽媽問兒子對成績單有何感覺，兒子說：「我不知道。」若沿用這項技巧，媽媽就會說：「那你覺得（某同齡小孩的名字）對這樣一張成績單會有什麼感覺呢？」

他是不知道，還是沒感覺？父母一定要能夠區分，兒子是不想說出感覺，還是真的不知道有什麼感覺。這個差別很重要，因為父母的回應要有所不同。若兒子真的不知道，就需要鎖定練習辨識自己的感覺。如果他知道卻不想說，那可能涉及隱私，他要別人尊重他劃開的私領域，不然他就是遵守著「兄弟規範」。父母要搞清楚哪個是哪個，是無感還是隱私，通常可以從回答的能量程度判斷。原則上，要求隱私會激發較強烈的能量。

持續使男孩對「兄弟規範」免疫。在此階段，若父母提供情緒指認的日常練習，讓兒子自由釋放情緒，兒子很可能就免受「兄弟規範」對其情緒表達產生的負面影響。許多男孩不想正面討論情緒（有些女孩也是），父母練習可以只是在兒子說起學校發生什麼事情時，認真傾聽，隨後就事論事地問：「那你有什麼感覺？」如果一直聽到兒子回答：「我不知道。」那麼，如前所說，就要好好辨識情緒，也許可用上「客觀處理」技巧。假以時日，當談論感受成為家中一項重要話題，男孩的反應將更加自然。

男孩八到十一歲，大人如何影響所在社區？

微小卻重要的步驟。日常有太多機會，向其他成人彰顯男孩情緒的自然流露。當一個男孩說著自己在學校或球場贏得的勝利，某位大人當著其他大人應道：「你看來多麼榮耀啊！」就是在鼓舞其他大人也起而仿效。再來一個例子，這回則是負面的情緒展現：強尼跟一夥男孩與家長沿街進行「不給糖就搗亂」的萬聖節活動，不幸的是，當以強尼為首的隊伍來到一家門前時，無頭男從一旁草叢中跳出並淒厲呼號：「啊啊啊啊啊……我的頭呢……是你拿的嗎？」（他的手伸向強尼），強尼爸爸看到兒子本能的恐懼反應，馬上說：「哇！好恐怖喔！強尼，你一定嚇到了吧……心臟有沒有跳很快?!」這就當著其他男孩與家長，打破「兄弟規範」。這是一種正常健康的情緒流露的表率。

標籤的力量。來看看一個錯誤如何影響整個校園。五年級的某班非常難對付（行為偏差），一學年就換了三個老師，第一位提前退休，第二位出現壓力引發的官能症，第三位留了下來。學年尾聲，這位老師帶出一個優秀且行為良好的班級。這怎麼回事？原來，這老師錯把抽屜中貼著的學生們的「置物櫃號碼」當作智商（140, 142, 144，以此類推），於是便以對待一群天才小孩的方式帶領學生。老師以禮相待，孩子回以規矩，如此良性循環。這個令人驚異的故事，顯示「觀者眼中」存在的力量。個人是有可能改變——人們對兒童是誰、他們是「什麼做的」的期待。我希望，各個社區有更多個人能挺身協助孩童的情緒發展。

由於認知持續發展，此時男孩也許能感受及描述更加複雜的情緒，像是：憤慨、羞辱、得意洋洋、寧靜平和，這些情緒有別於原始情緒，帶有較多的認知元素是透過思考而來。而我常發現，這些認知色彩較高的情緒，也常能純化為一種原始情緒。像嫉妒這種複雜認知的情緒，其實是可以剝開層層外衣，找出底層的原始情緒。很多複雜的負面情緒底下經常是憤怒及恐懼，而快樂則是各種正面複雜情緒之源。

十二到十五歲的情緒

如同較早階段，這個年齡層不再有新的原始情緒（憤怒、悲傷、害怕、快樂）在此時期，因具備了抽象推理技巧，男孩較能感知自己情緒，控管能力也較好。社會線索對這階段男孩的情緒管理格外重要。「兄弟規範」鼓勵男孩壓制和否認柔軟情緒，不輕易表示溫柔或愛心，不當眾展現同理或感情。

如第一、二章提過的，當男孩一而再、再而三地漠視內在感受，那將不再只是在人面前粉飾情緒，而可能根本失去感受能力。這種解離（dissociation）或從意識層剝離，有助人們走過創傷；但若男孩無法感受自己情緒，心理健康將深受危害。

男孩在十二歲前，可能（也確實）會忽視自身情緒，而在青春期前、中期，性別角色嚴格到殘酷地步，更大的文化壓力迫使男孩符合狹隘的陽剛形象，把傷痛隱藏起來。男孩的情緒在青春期瀕臨滅絕。我們的目標，就是預防此事成真。

十二到十五歲男孩的社會化

身為這個年紀的男生，意謂必須澈底奉行「兄弟規範」。能夠證明自己不是膽小鬼的任何規則，男孩就會去追尋並遵守。「兄弟規範」清楚點出如何避免成為膽小鬼。追求盛氣凌人、性主宰、勝利等態勢，緊緊攫住這年齡男孩的心力。合作精神不受重視，舉例來說，許多初中高中都有「同輩調解（peer mediation）方案」，讓同學以互相協調的方式自行解決人際問題，無須成人介入（或介入程度降到最低）。但這些辦法只獲得少數學生採用。男孩在此時期就是會以「兄弟規範」作為走過青春期的羅盤針。因此，父母和其他大人必須格外在這階段努力，讓男孩對「兄弟規範」免疫，必須力推其他選項，例如同輩調解——或只是說出困擾——以免男孩只靠「兄弟規範」來解決人際等社交問題。

以性能力作為一大社交優勢

家庭、同儕、課外活動，仍是此時期男孩主要的社交媒介，此時，性與戀愛也引起部分男孩的興趣。女孩不再那麼噁心……卻也不盡然酷。為何？青春期之初，男孩絕不可以出現一絲「女性化」。依照「兄弟規範」，女孩的唯一價值在其性感；「有男子氣概」，某個程度取決於是否有性知識與性行為。

男孩應認識看待女孩的其他方式。一心著重女孩胸部大小和「屁屁」，對他們自己跟女孩都不公平。跟女生建立更廣泛健全的關係是可以辦到的，只是在這年紀，男生需要很多性教育，所以大人務必探詢他們跟同儕這方面有什麼問題（謹記盧卡斯自覺扛著多少同儕壓力，急著在性交上趕上別人）。有什麼問題，有什麼煩惱，有什麼感覺？問問他們。

一開始，男孩大概會拒絕跟爸媽（或其他大人）討論性事，會以粗魯嗓門和鬼臉抗拒這種「親密」談話。但若大人願意堅持，男孩遲早會冷靜下來，多少吐露自己所面對的情況。不要放棄。若沒有大人開導，「兄弟規範」將主宰這件重要課題。記住，你想了解男孩的感覺，但不要刺探。那條分際不好抓，但值得努力。

人際關係與溝通

一般而言，這年紀的男孩彼此缺乏深入溝通。相對地，女孩在頻頻約會之際，仍與「閨蜜」交好。男孩就沒有這類密碼來表達對彼此的依附或情感。他們似乎靠著跟「那幫傢伙」去「廝混」，來滿足對親近感的需求。就像在稍早階段，某些實證研究也指出，這階段男孩們的關係仍著重於共同從事活動，還不是真正彼此為伴。

這種間接的互動與溝通，常用於輔導男孩。波拉克說他跟男生通常以玩遊戲展開諮商，這樣談話時有事可做。許多諮商師也是如此，主要就是男孩習慣這樣，會感覺比較自在。與男孩交談的另一種常見方式（你大概也已發現），便是開車之時。男孩彼此或與他人最深入的談話，發生於彼此同方向並坐或前進，而非面對面。

家人「相對於」同儕的影響力？

家庭對孩子——尤其在青春期——的影響力如何，並沒有明確答案。榮恩．塔非（Ron Taffel）和茱迪．海莉絲（Judy Harris）力主同儕對青少年的影響超過家庭，此論調遭其他學者駁斥。確實，同輩會影響青少年的穿著打扮、社交活動、是否接觸香菸或大麻，但在更深入長遠的課題上，父母看來影響力較大。新髮型或穿耳洞好不好看，青少年似乎仍頗在意父母的看法，因為這類改變其實意謂著：「不管我外表如何……你們還是認得我……依然愛我嗎？」

此時期男孩參加的活動多半由「兄弟規範」制約。一個十四歲男孩若有足夠的免疫力，對自己有足夠的認識，就能坦然決定爵士舞對自己意義重大，或者，在學校拉女生胸罩肩帶是不對的……並能開口制止這樣做的男生。在此階段要能違反「兄弟規範」，需要相當強大的自覺。我相信，這麼強烈的自覺，可來自深厚的人際關係，無論是跟同伴、家人、其他成人照護者；只要這些關係自幼至青春期，一路為他的情緒提供鏡射與肯定。

面對十二到十五歲男孩的秉性

無論害羞、衝動、完美主義或隨和從容，十二到十五歲男孩展現的基本特質，大概跟學步時差不多，但此時，他有更強的「認知力量」應付自己秉性的傾向。所以隨著男孩漸長，父母處理他們情緒這件事也變得容易。十二到十五歲，男孩的認知能力趨近成人思維，此時與他們的人格特質互動，當個教練會是最好的做法。協助他們辨識性格哪些部分需要「社會化」的練習，也絕對不能忘記強化他們的長處。透過大人的協助，尤其對自身優點予以肯定時，男孩更容易了解自己秉性，然後適度延展。

持續鏡射與「延展」。除了本章談過的通則，這個階段可能會有以下問題：害羞的男生需要（也想要）變得比較應對自如，尤其在約會方面。害羞之下，可能浮現焦慮症狀，他們不知道如何社交，或不知如何自處，所以需要有人提點，最好是常識豐富的大人。衝動的男孩要學習延緩滿足（delay gratification），接受無聊。此時他們四處活動，開始學開車。衝動的男孩駕駛車子是危險的組合，一定要密切管控。完美主義的男孩要學習如何更有彈性，如果他還沒開始這麼做。學校和成績，是練習不完美的理想所在（不可能事事盡如所願）。這型男孩需要的典型情緒技巧是自我調整，通常會是怒氣管理和挫折管理。

「隨和」與「鐵打」男孩的情緒需求，可能還是不易察覺。這些男孩看似沒什麼情緒，要不看上去一切挺好，要不就把感受藏在性別角色的刻板模式底下。大人必須記住，若男孩沒練習表達情緒，「兄弟規範」將成為他們的指標。任何秉性皆然。

父母如何改善十二到十五歲男孩的情緒發展？

青春期中期的男孩深受嚴格的性別角色局限，父母最大的挑戰之一，就是找出方法讓男孩能質疑文化常規，「反文化」而行（做跟主流文化相反之事）。就這年紀的男孩，反文化而行，主要就是不要一味追求男子氣概、淡漠無感……和打破一些「兄弟規範」。

解構媒體影響。與男孩一起看電視電影，教他們以反文化方式思考，是很不錯的方式。電視影集、音樂MV和大多數雜誌，常以這麼扭曲、激進、性取向的手法詮釋兩性關係，所以大人要幫男孩們「解構」媒體訊息。包括向他們挑戰質疑，問他們看到什麼，對於所見又有何想法。媒體解構可以是現實檢驗（reality-testing）（亦即，「你認為在真實生活中，大多數男性真的像那樣嗎？」），或是把媒體資訊擺進更廣闊的範疇（亦即，「你贊成那部電影或廣告傳遞的訊息嗎？」）。

多數時候，媒體訊息幽微快速到我們來不及檢驗。有一次我試著跟一名八歲和一名十二歲少年解構電視廣告，結束前，眼前又閃過另外四支廣告。這些「資訊」的綿密攻勢宛如洗腦，而有關性別的媒體訊息絕大部分都極其刻板化，十分忠於「兄弟規範」。

男性總坐在會議桌之首主持會議，總挺身拯救女性於危難（通常從別的男性之手），這類訊息如此常見而明顯，從汽車廣告到電影劇情和音樂MV無所不在。直接詢問男孩對這些資訊的想法與感覺，深入探討其意義。這可能不容易，但絕對值得嘗試。

消失的情緒。無論之前父母對兒子情緒發展做了多少努力，男孩值此階段的情緒表達似乎就是會消失。我不是說，此時期男孩的情緒真的不見（意謂男孩再也感覺不到情緒），只是他們在十二到十五歲這個階段，即便有良好的情緒基礎，通常也會在他人面前隱藏自己情緒，但心底是清楚的。如果男孩確實不再能感受情緒，就需要密切關注，必要時提供心理諮詢。

男孩十二到十五歲，大人如何影響所在社區？

這個年紀社群影響很廣泛，音樂、運動、同儕、媒體、網路是他們社會化的主要媒介。父母一定要過濾這些社會勢力。學齡前，父母可幫男孩挑選往來對象、閱讀書籍、電視節目。廣義來說，青春期中期依然如此，但現在社群及社會勢力誘使男孩脫離家的力量，對此，父母更需加強自己的影響。科技導致文化快速更迭，父母也得同步跟上時代脈絡。

音樂產業。歌詞經常是在抒發情緒；有時甚且在挑戰「兄弟規範」。天團「U2」贏得葛萊美大獎的單曲《美好的一天》（*It's a Beautiful Day*），就不是典型男性搖滾。「混混與自大狂」（Hootie and the Blowfish）這支全男性樂團也是，他們在九〇年代末的熱門單曲有這樣的副歌：「我就是這麼孩子氣，沒錯，海豚會讓我哭泣……」聽一位非洲裔美國男歌手以渾厚嗓音這般唱著，絕對是「兄弟規範」的別種選項。男音樂家能打破「兄弟規範」，為男孩們立下反文化典範之餘，依然以搖滾巨星身分大賣，這只是其中兩個例子。

聊到男孩。父母和其他大人能影響社群的另一個方法是，以同理口吻聊起男孩，而非競爭性的。可以就從兩個大人的普通對話開始。當其中一人說：「羅伯得到這個學術榮譽一定讓你深以為傲……他自己有什麼感覺？」或「被學校退學，對比利一定是嚴重打擊，他有何感受？」這對其他家長示範了同理心，也提醒他們關注自己兒子的情緒。往往，只是這麼小的種子，與「兄弟規範」背道而馳的種子，便能在朋友社群生根發芽。

十六到十八歲的情緒

男孩到此歲數，父母常當他們是小大人。就許多方面而言確實如此。在此階段，額葉皮質（與較高層推理能力相關）的發展接近完成，大腦這個區域對情緒發展很重要，因為除了持續整合感受與思維，這些新的認知技巧更讓男孩能去分析、推測、「想通」複雜情緒。青春期結束前，男孩應當要有必要感覺和表達自己情緒，能夠去融合、分析、調節、同理。但你也知道，有太多社會勢力，或者能使這些工具更銳利，或者使其鈍化。

雖說有了這些新的認知及情緒技巧，我仍觀察到許多男孩到青春期快結束了仍無法表達情緒。這種現象可能出現在任何年紀，但這一般模式點出此時期男孩的情緒表達仍很少。究竟是他們不表達，還是根本不能感受自己情緒，答案並不明朗。

體驗與表達情緒的差別，對心理健康非常重要。就像第一章談過的，當一個人無法感受自己的情緒，就是有「情感失語症」（顧名思義，「沒有能表達感受的詞彙」），無法感受情緒。男孩與男人若不曾有過頭部創傷卻有此症狀，很可能是社會力量所引起。

十六到十八歲男孩的社會化

「兄弟規範」對此年紀有明確規定：要不斷跟女孩子「上壘」（亦即頻繁性交），開車，從事運動，更加獨立。在多數地方，十六到十八歲男孩很少沒有開車、跟女孩上床的（或成天想著這兩件事）。不屬於這種主流次文化的男孩，可能已選擇反文化而行；他們已找到別於「兄弟規範」的選項，對自我認同感到自信。但也有些男孩雖然謹守「兄弟規範」，卻仍覺得跟「兄弟們」不甚契合；他們也許受到譏笑、排擠，不管怎麼努力，就是無法融入。更令人意外的是，有的人即使融入，照著規範走仍感覺孤獨痛苦，但他們不必承受額外的嘲諷與社會的排擠。

里程碑。即將步入成人階段，此時多數男孩仍仰賴熟悉的「兄弟規範」前進。別害怕（「無懼」）、要獨立，是航向成人大海的兩個重要原則。而這時還出現了一項新律法：踏入世界要成為一個人物……為自己贏得某種名聲。

這個時期，男孩深刻明顯地感到這種壓力。以往或許曾有此感想，如今卻得交出成績。遺憾的是，這種成為大咖、為自己贏得名聲的不切實際的壓力，是一種會導致自覺失敗、「不夠好」的期望。這樣挫敗的展開成人階段，會像鬼魅般糾纏終生，尤其當這感受沒能被指認之下。

隨著成人階段的逼近（除了上大學，他們可能要服兵役；投票；很多州允許他們買酒、上夜店，可以結婚等），卻很難知道這些男孩可曾想過成為大人是怎麼回事，大概更沒去思考成人階段的意義。實際上，若男孩青春期一直遵循著「兄弟規範」，此刻他們早已無感到爐火純青：正面及負面情緒被粉飾、減輕、麻痺。他們限制一切情緒的表達，即便面對自己最信賴的人。

這時期，這種情緒壓抑唯一的例外是女友。男孩發現談心訴衷腸的好處，女孩對男孩的意義，轉為正面而肯定人生。但是，青少年的戀愛本來就很少能持續過高中，當戀情結束，與「至交」的情誼也同時告終。分手後的男孩不再有對象能傾吐內心世界。不令人意外，男孩第一次接受諮詢往往就在這個時期。儘管諮商非常有用，這階段的「兄弟規範」卻建議用別種途徑療傷。喝酒、嗑藥、其他危險行徑，都被視為面對成長焦慮的妥當「應對技巧」。我們這個文化，需要讓男孩重新連結恐懼和勇氣，教他們其他的應付技巧。

面對十六到十八歲男孩的秉性

男孩此時就要邁入成年，目前展露的秉性應該會緊隨其一生。實際上，形容十八歲之後秉性的名詞，叫做「人格」。這並非意謂「隨和」的男孩就沒有難過的時候、害羞的青少年注定遭到冷落，而是說，這階段仍存在的秉性應該會持續到成年。即使秉性不變，一路來的體驗會導致他們產生不同的行為。舉例來說，不斷改善社交技巧的害羞男生，跟學會延緩滿足的衝動男生，跟同樣屬害羞或衝動但沒有朝相反秉性延展的男生相比，舉止將明顯不同。

傾聽及討論情緒。這是男孩人生的轉捩點，因此觀察他們的情緒很重要。任何秉性的男孩對開車、畢業舞會、大學、當兵……感到興奮，是人情之常，對同樣這些事也可能覺得害怕或傷心，尤其當他邀請舞伴被拒，或沒被心中第一志願的大學錄取。用於之前階段的方法可能仍是最佳辦法：確認他的秉性，協助他強化自身優點，朝反方向延展，邀他討論自己和他人的情緒。

男孩此刻做出的人生決定大概跟秉性相關。父母對孩子的重大決定影響至深，所以務必要了解這點。具體而言，當男孩開始做大學與工作的決定時，父母可以提供協助的方式，可以是不要逼他們選跟他們秉性不「速配」的工作／發展、大學、系所。舉極端的例子，害羞男孩恐怕不會喜歡從事業務或出庭律師，衝動男孩大概不適合當外科醫師。此時父母能做的，就是如實認識兒子的秉性，指引他做出最適情適性的人生選擇。這樣，父母就能為兒子成年期的情緒發展做出貢獻。

父母如何改善十六到十八歲男孩的情緒發展？

當今社會變化迅速，此時絕對是男孩需要談論自己情緒的時期。他開車，在某些州接近合法飲酒年紀，他的一腳在家，另一腳在外，踏向更多獨立。

飲酒。父母一定要很留意，「兄弟規範」如何讓男孩以為喝酒甚至嗑藥是小事。那是一種「男孩就是那副德性」的思維。對此階段許多男孩來說，「喝到掛」是一種美國「成年禮」，尤其在大學第一年。儘管有人更早接觸酒精藥物，但就是這個階段，美國的文化默許男孩濫用藥物。

這個課題需要另闢專書，而這裡要對父母傳達最重要的一點就是：即使你以為兒子沒有喝酒（或嗑藥），你很可能錯了。我從諮商經驗看到太多次。男孩很少承認自己有喝酒，即便承認，也把量降到最低。那幾乎表示他們明知不妥（所以隱瞞此事），但還是這麼做，因為這文化很多部分完全認可。父母和其他大人要合力改變「兄弟規範」對飲酒的觀念。

討論依然重要。情緒要能被指認處理，才能達到社交里程碑。那不需要精心策劃或太過嚴肅的對談，跟之前一樣，只需開口問一句：「你有什麼感受？」無論是在他通過（或沒考過）駕駛測驗或被第一志願大學錄取時。另一個促進此時期男孩情緒健全發展的有效方法也很簡單，只要「保持溝通管道暢通」。男孩若知道自己能隨時與父母暢談任何事情，那可是意義非凡。每天留點時間（幾分鐘也好）給兒子，這樣簡單的小事也很不得了，因為這讓對話自然發生。

駕駛。男孩在這階段最大的危險之一就是車禍。就這個層面，父母及其他大人最好以對待女孩的方式對待男孩。很好的經驗法則就是自問：女兒才考取駕照，你會讓她每天開車上學，或開去參加深夜在郊外的演唱會嗎？或許，保護男孩謹慎開車，有助他們了解自己究竟不是鐵打的機器。說到開車，很多父母沒盡到保護兒子之責，也是出於怕有違「兄弟規範」的心態。

基於同樣的「兄弟規範」，男孩開車常不用上常識。太多青少年男生（和其他人）死於魯莽駕駛（太快、車內太多人、受酒精藥物等影響）。男孩必須認識到，開車跟強悍與否或酷不酷無關。大人要幫忙改變這種觀念，我們才能避免葬送這麼多年輕男性。

性行為。儘管男孩也許在此之前便有性行為，我選擇在這裡討論這個題目，因為我相信：男孩在跟另一人有親密性舉動之前，更成熟（換言之，多點歲數）一些更好。假設父母已跟兒子討論他的性慾（自慰、性取向、性行為），我也假設父母有跟兒子談及這個性氾濫的文化，如何促成男孩性慾亢進（色情媒體、黃色書刊、夾雜暴力和權勢），但在此階段，跟他討論他對性交的感覺如何很重要。我不是只在說「安全性行為」這類話題，我是鼓勵父母跟兒子討論他對這種親密而強烈的體驗……及所有相關後果有何感受。男孩可能對性有一肚子疑問，通常卻只能從「兄弟規範」找答案。

我的一位親戚的快十八歲的兒子，想跟女友到她哥哥的學校過夜。父母雖都同意他可以隨時隨地跟女友上床（換言之，他其實不必跑到附近大學做這件事），兒子聽到媽媽下面這個問題時卻陷入沉思；他媽媽說：「史蒂芬，你真的準備好當爸爸了嗎？」（在之前的討論裡，媽媽曾問他是否真想要寶寶；「準備好當爸爸」當中又有某種意義，讓這次顯得不同）。結果兒子收回跟女友外出過夜的要求。避孕雖然很容易，性行為卻關乎為人父母這類重要課題，這是男孩需要理性討論的。

畢業。要迎接兒子展開高中後階段，必須記住的最重要一點可能是：男孩需要的社會、情緒支持，並不亞於女孩，但他們可能不會訴諸言語。舉例來說，十八歲的男孩幾乎不會過來說：「高中即將畢業，我實在好害怕。」而他這種情緒可能會拐彎溢出，在那個夏天經常喝酒、睡到很晚、成天打球，這些背後可能藏著連最精明的雙眼也沒看出的強烈情緒。

男孩十六到十八歲，大人如何影響所在社區？

男孩走到成年邊緣，文化力量擅長製造與加強有關男子氣概一些嚴格特質（只許獨立；只能強悍）。女孩也會承受一些，但很重要的差異在於，女孩在面對成人駕駛及高中畢業後的打算上，可能獲得較多的情緒支持。這個時期的男孩真的也需要能談論他們對這一切的感受。

榜樣。家人對此階段的男孩給予更多情緒支持，而非強化那種顯示陽剛的無動於衷，這是很有助於改造社群的。獨立很重要，互相依靠也很重要。強悍很重要，提供呵護也很重要。利用任何社群相聚機會，父母可加強、重塑新的情緒典範。

舉例來說，看到一個十七歲男孩奚落比他小的男孩時，千萬不要只是移開眼光，認為「男孩就是那副德性」；應開口告訴這名男孩：「嘿，不要這樣！」或「如果我這樣對你，你有什麼感覺？」口氣關切而非羞辱，就能當場讓他學到同理心，也挑戰了「兄弟規範」。

另一個達到同樣目的的方式是，當男孩公開顯示呵護行為時，讚揚他。有一次在一個聚會中，我稱讚一個十七歲男孩把襁褓中的妹妹顧得那麼好……當著他朋友的面。這男孩喜形於色。這些看來或許只像小水珠，卻是裝滿空水桶的起步。

槍枝。初中與高中男孩，幾乎涉及媒體報導的每件校園槍殺事件。這題目不在本書討論範圍，然而，我們都要思考該如何教育男孩，關切他們如何拿到及使用槍。當然，還有他們對槍枝使用的感覺。

酒精藥物。就像攜帶及使用槍枝，酒精藥物的使用也可能更早開始，但在這個階段，社會文化和「兄弟規範」公然鼓勵飲酒嗑藥，尤其對男生。師長、行政人員、醫療專家、教練、鄰居，皆可透過各種方式一起改造此種基準，包括：㈠別把男孩飲酒視為「男生就那副德性」；㈡認為飲酒用藥，可能是企圖趕走問題（暫時）、幫助社交（暫時）、麻痺情緒（暫時）的差勁方式；㈢看到男孩飲酒嗑藥別只移開眼光，告訴他們這樣不好，也告知其父母；㈣別鼓勵未成年飲酒，別讓男孩在你家裡或派對喝酒。

大專院校如今了解飲酒帶來的危險，開始勸阻一些經年傳統的儀式，像是兄弟會派對喝到掛、足球比賽的露天啤酒派對等。如今，足球賽跟其他大專活動提倡無酒精活動成為顯學。當基準改變，男孩也看到在那狹隘刻板的所謂陽剛之外，其實有別的選項。當他們試著採取這些途徑，絕對不要因他們拒絕「兄弟規範」而嘲笑他們。若他們因此受人嘲笑，也務必協助他們度過那段歷程。這在每個階段都很重要，真的。

第四章

攻擊行為與拐彎情緒

男孩往往透過行動表達感受，而非訴諸語言。

——派蒂．阿金斯．諾埃爾，小學諮商顧問

三歲的傑西看完電影《獅子王》之後，成天在家裡像頭獅子邊爬邊吼，沒完沒了，爸爸怎麼叫都停不下來。直到父子倆一起看了第二遍，爸爸才明白：刀疤和木法沙之間的爭鬥和木法沙的死亡，讓小傑西嚇壞了。

• • • • •

麥可整個二年級天天肚子痛。他個性非常害羞，班上非常吵鬧，常有出其不意的各種狀況，學年將盡時情況愈演愈烈，終於超出麥可所能負荷。他極度焦慮擔心，卻無法將這些感受訴諸言語，所以肚子幫他表達了。

• • • • •

十歲的賈柯在足球聯賽踢偏了一球，造成他們這隊錯失冠軍盃。他滿心懊惱，外表卻完全看不出來，只是那整個禮拜他一直找妹妹麻煩。

• • • • •

大衛的女友在他大三那年的十二月跟他分手。兩人從高一開始約會，她是他唯一的朋友跟知己。這是他在第五次家庭諮商時透露的，當時他已嘗試過自殺。

以上幾則（真實）故事都是情緒表達的例子。情緒表達是指一人正面或負面情緒的外顯，包括聲音與姿勢的表達和各種舉止，像是「高興地蹦蹦跳跳」、重踩階梯、用力摔門。情緒壓抑則是特殊的情緒表達，表示這種表達的狹隘或鈍化，極端例子裡，這種人不管在悲傷邊緣或欣喜若狂時，表現出來的卻都一模一樣。「無感」（stoical）這個形容詞傳神地捕捉了某種情緒限制，此字源起於古時一個哲學流派，即認為智者應卸下所有激情，悲喜皆無動於衷。時至今日，我們知道這樣的情緒限制其實有害健康、神智、心靈。當男孩試圖堅忍無感，他們的感受就「拐彎溢出」，就像上述傑西、麥可、賈柯、大衛等。

聚焦情緒表達

「情緒」、「情緒化」、「感受」，很遺憾，這些字眼經常帶有負面意涵，不僅對男孩如此。之前說過，「別這麼情緒化」這話往往有著輕蔑意味。我想提供思考情緒的不同方式。我認為所有的情緒都很重要，沒有哪種較好或較差。就像在第一章所描述的，情緒是人類生物學自然的一部分。但儘管情緒本身不是問題，一個人怎麼處理情緒卻可能造成問題。簡單說，差別就在人如何面對情緒。

有了比較寬闊的視野來看待情緒的價值，接著就必須檢視正面情緒（例如：快樂與榮耀）、負面情緒（如：悲傷、憤怒、恐懼），與男孩的制約與行為。一種方法是求取平衡，若男孩只知道往一類情緒走，那些情緒就獲得全面發展，舉例來說，一個男孩總是生氣，不曾開心，憤怒就會占據他的內心與外表。感到太多憤怒太少歡喜，就好像在用半邊身體舉重，失去了平衡。

近來許多理論家和學者也認為，正面情緒有助於「推廣及打造」思維—行動（thought-action）的行為，甚至能抵消負面情緒帶來的影響。

男孩情緒「拐彎」

練習情緒的一種方式是透過表達，這種情緒技巧涉及發展層面。口語表達最方便有效，但孩童首先得知道情緒的名稱，才有辦法說得出來。缺乏詞彙，情緒就會透過舉止表達出來。而若男孩在這當中學到不該表達情緒，他們就會一直採取這種「年幼」的行為模式來表達感受。如果男孩（與他人）持續漠視其感受，最終他們的情緒會幾乎「消失」。

情緒沒表達出來，會藏在精神與身體中。情緒不會真的消失，而只是「拐彎」或間接出現，表現為身體狀況與行為問題。以身體狀況而言，年幼男孩的情緒常以肚子痛與疾病出現，較大的青少年則可能表現為憂鬱、高風險行為、藥物濫用，有時還會自殘。

本章開頭的四則例子，描繪了拐彎表現的情緒。他們當中沒有一人運用直接的口語表達，那是滿足所需很有效的方式。為什麼他們卻辦不到？在這現象背後，有許多文化上與發展上的因素，「兄弟規範」無疑是其中之一，男孩的語言發展也是一個。

必須牢記的是，當情緒沒有透過口語有意識地傳遞，情緒能量並沒有消失，它必須另找去處。當它無法直接出來，就得另覓他法，好比散熱器透過溫控閥散熱來解除壓力。此書再三提及，這種拐了彎的情緒表達，包括種種偏差行為，像是：侵略、憂鬱、大鬧、自毀等，以及身體症狀如：肚子疼、頭痛、恐慌等。所幸，情緒表達的技巧很容易教。

引導年幼男孩的拐彎情緒

假如傑西在看電影時能夠說：「我好怕。」（或把臉遮住說：「我不想看這一段。」）他爸爸就會知道去安撫兒子的恐懼。直接溝通這類情緒的好處是，傑西能學到自己的情緒真實不虛，很重要；憑藉一些幫助，恐懼感是可以克服的。對一個三歲小孩來說，這世界感覺安全多了。恐懼一旦遠離，他就不必藉著爬行躲避危害。

麥可的肚子痛顯然是在傳遞他的不知所措（記住：胃裡有很多接收大腦傳遞的情緒訊息的受體）。我們假設在這情況，無法避免麥可會肚子疼，也假設他有那種容易受不了的激發系統（arousal system），這在害羞小孩身上很常發現。所以，與其認為麥可能藉著說出來而防止肚子疼，不如想，他找人說出這些狀況而能讓肚子疼消失。情況正是如此，麥可與爸媽談了他的感受。爸媽告訴麥可，向他們講出他的感覺，肚子痛的情形會好轉，然後爸媽製作了一張小咒語讓他隨身攜帶，上面寫著：「我覺得有點怕，但我會沒事，肚子痛啊肚子痛，你可以走開了！」

那一年，麥可每天上學前都把那張紙放進褲子口袋。果然有用！小紙片上的字眼經過精心挑選，這裡必須解釋理由。麥可堅持要用「我會沒事」，而不是這咒語原本的「事情會過去」。他知道必須安撫他自己，兒童其實是感覺專家。

這段介入也靠著一些行為管理：家裡冰箱上的貼紙表。只要麥可跟爸媽分享他那天的感受……每當他讓肚子痛消失，爸媽就給他一張貼紙。第一週過去，肚子完全不痛了（這類表格在第一週或第二週效果最好）。但他們仍讓貼紙圖擺在那裡一陣子，好提醒全家人繼續分享彼此感受。

處理較大男孩的拐彎情緒

賈柯若能告訴爸媽和教練：「沒踢進致勝球，我實在好失望好羞愧。」他就能展開解除那些生理化學物質的必要過程。結果，賈柯卻以肢體拐彎處理他的情緒，惡整他妹妹。在心理諮商與危機會報中，「處理」（processing）指的是：談論與某種強烈情緒相關的事件；事件大至恐怖創傷，小至日常一切。情緒處理往往需要不只一次，歷經一段時間；面對創傷尤其如此。一般說來，小孩大人都能從事後隨即說出來的過程而好過許多，然後他們會繼續談，直到那情緒完全被處理好。

沒有例外，首要目標是讓男孩體驗或感受自身的情緒，第二個目標，則是透過談話來掌握情緒，而非藉著偏差行為或任其消失。如果賈柯能講出自己沒踢進球的失望，應該就不會讓這情緒脫離自覺，拐彎表現為傷害妹妹。他把自己情緒藏得很好，爸媽完全不知道在這攻擊行為下是他對自己的強烈不滿。結果，賈柯沒學會妥善面對輸掉比賽——沒有贏——與失望之情。很多男孩一直掩埋失望，沒有處理，結果變成恥辱，長久背負恥辱絕對不利身心。

第四則故事是個極端例子，顯示情緒以自殺企圖拐彎溢出。大衛比較年長，家裡從來不談感受，所以他早已學會漠視自己的情緒。有一次家庭諮商裡，大衛承認自己也想傷害前女友，至於為何沒那麼做，他也說不上來。他也不能保證不會再傷害自己（所以他還沒出院）。在醫院時，諮商的進展十分緩慢。他不記得有過任何情緒。但在持續的個人與家庭諮商之下，他的家人確實展開漫長緩慢的「化解」過程，設法解開大衛從小學到漠視感受的這個結。

「鍛鍊」男孩的情緒表達

男孩若漠視情緒，恐怕也將失去體驗、感覺情緒的能力。一個辦法就是防患於未然，另一個辦法則是挺身介入，時時鍛鍊他們的情緒表達。鍛鍊手法視情況而定。總地來說，情緒鍛鍊能幫助男孩發展和維持各種情緒技巧。

交織：一項重要技能

情緒可透過我稱為交織的技巧得到轉化。當某種情緒與思考或另一種情緒「融合」，就是交織。想調整憤怒、恐懼這類強烈情緒，交織格外有用。很遺憾地，我們的文化重視思考與理性，較不重視感受和情緒性。然而，有想法，勢必也伴隨有感受，這是貫穿本書的一個概念。多位理論家也指出，每一種情緒都伴有一體的思維。換言之，想法和情緒，本來就相互交織，無可脫離。

來做個小練習。先停止閱讀，想著以下字句。花點時間，認真想。留意每個字句伴隨著什麼樣的情緒：死亡……金錢……耶誕節……（猶太教）光明節……（回教）齋月……金錢……婚姻……運動……巧克力……離婚……中樂透。只要花時間用心注意、感受，情緒就在那裡。

交織情緒與思考。把交織用在男孩的情緒發展，意謂著，男孩與照護他們的大人，都要注意男孩思考背後的情緒面。交織情緒和思考，結果就是控制和掌握。口語表達情緒，這項簡單動作，即是情緒與思考兩者交織最常見的表現。這一來，情緒不再僅是體內某種化學感覺。從生化反應轉為情緒思考交織的一則好例子，就是麥可爸媽給他的字條（「我覺得害怕，但我會沒事的」）。這樣的交織，使麥可能「傾聽」他的肚子痛，讓他能調節強烈情緒。

交織情緒與思考的其他例子包括：㈠對可靠的人口頭確認、表達感受；㈡自我對話（在內心與自己交談）；㈢經常寫下或「記載」你的感受。這種情緒技巧最重要的好處，或許是讓男孩有機會把感官經驗轉為有意義的感覺與思維。

交織不同情緒。交織不必然是情緒跟思維，情緒也可與其他情緒交織。負面情緒可與正面情緒交織，這可能就是讓人生沒那麼糟的原因……悲痛時也感到安慰，害怕時覺得放心，就是兩個例子。正反兩種情緒交織的結果，就是男孩比較能面對、調整自己的情緒。把這視為一種平衡動作。太多悲傷太少安慰、太多憤怒太少希望，都是不平衡的情緒經驗，負面情緒不平衡，無感、憂鬱就可能成為固定模式。交織正面跟負面情緒，有助於平衡情緒體驗。

值得一提的是，當負面情緒與其他負面情緒交織，結果會是「層層堆疊」的消極否定。情緒沒有處理，就一直累積，一層又一層。舉例而言，當賈柯把自己沒完成致勝球的失望藏在心裡，那失望就跟憤怒交織，之後又跟恥辱交織。把感覺說出來，也許就能防止這堆疊的負面情緒。

正面情緒

男孩的正面情緒也需要鍛鍊。正向心理學不是什麼新科學，但近來益發受到重視。馬汀・塞利格曼（Martin Seligman）是其中先驅，這位心理學家早期研究「習得之無助感」（learned helplessness），後期研究「習得之樂觀」（learned optimism）。正向心理學的研究包括：智慧與堅持等特質，和開心、希望、快樂、關愛等正面情緒，會如何影響孩童與成人。用在男孩的情緒看來，日常生活能感到正面情緒的男孩，要比不能如此感受的男孩更有韌性也更健康。

你也許會想，哪個男孩沒經常感到這些正面情緒？其實，任何男孩都可能，只要他處在一個無法體驗和表達歡欣、希望、榮耀……關愛的環境，包括受戰亂殘害的國家裡的男孩，住家附近常有飛車隨機槍殺的男孩、長期遭受凌虐忽視的男孩。我相信，如同近期不少作家與學者指出的，「典型美國男孩」其實也有風險，因為他已學會不去感覺、表達自己的情緒。

男孩生活裡缺乏正面情緒是很嚴重的事，原因有幾，最明顯的是：這樣的男孩無法充分體驗人生的各種經歷。再想想正面情緒在交織所扮演的角色，我們需要正面情緒來平衡身心。若男孩缺乏正面情緒，就只剩下負面那一半……害怕而沒有安慰，憤怒而沒有體諒，失望而沒有樂觀，絕望而沒有希望。

情緒表達對男孩的好處

能夠確認和表達（「鍛鍊」）男孩的正面及負面情緒有哪些好處，這裡做個總結：㈠釋放生理層面的緊張，防止身體出現狀況；㈡釋放心理層面的緊張，防止情感失語症（沒有能表達感受的詞彙）、憂鬱、焦慮、行為違常之類的心理糾結；㈢能交織想法與情緒；㈣能平衡正面及負面情緒；㈤能避免男孩的情緒消失不見——之後再以其他形式重現。

情緒表達的「神經」

吸吮拇指、哭泣、前後搖晃、運動、交談，這些行為彼此間有什麼共通之處？答案是：它們全是情緒表達，因為經由某種形式，都在設法「好受一點」。這是軀體和心理間無可否認相互為用，最為重要的區塊之一。

再談情緒的生理與感覺

吸吮手指跟晃動身體之間，至少被一條普通的生理線連結：迷走神經。當這些動作刺激到迷走神經受體，血壓與心跳就會下降、減緩。這樣的生理反應稱作「迷走神經張力」（vagal tone）。迷走神經受體，帶著大腦傳來的訊息到各個器官：心臟、胰臟、腎、大腸。很驚人的紀錄是，迷走神經是體內少數連結到這麼多器官的神經之一，也負責協調腎上腺與（大腦）杏仁核之間的溝通，幫忙決定停止送腎上腺素到各器官，讓身體緩和下來。有意思的是，迷走神經近來也頗受研究者矚目，成為治療情緒疾患的焦點，尤其是憂鬱症。

自我安撫

男孩必須學會自我安撫的技巧，刺激迷走神經張力，至少是他們藉以平靜下來的一種方式。吸吮口腔後上方可刺激迷走神經的一端，因此，吸吮拇指有助加強迷走神經張力（幼兒停止以奶瓶餵食之後仍喜歡吸吮，可能就是這個道理）。搖晃可能也能激發迷走神經張力。如此看來，父母經常抱著小小孩輕晃、兒童喜歡晃動身體，也就不令人意外。

類似情況，哭泣這種情緒表達也是一種自我安撫，可降低身體的反應性（reactivity），減輕主導壓力反應的壓力荷爾蒙，帶來平靜感。所以哭有助於降低皮質醇。從這個角度觀之，哭其實可讓某些孩子不致出現更激烈、失控的舉止，但因為男孩很早就學到不該哭，就比較無法使用這項情緒調適技巧。

運動與交談

運動與交談是兩種最為社會接受的情緒表達，可健全地調節情緒，自我安撫。也許你沒想過運動跟情緒有關，但它顯然有生理上的緩和效應。難怪男孩子總喜歡接近各項運動項目。問題是，這些體力鍛鍊器材或場地並非隨手可得。

談話是表達情緒最容易、最為社會所接受的形式，讓你釋放緊張，處理悲傷，趕走憤怒，從失望或任何不愉快的感覺中恢復過來。前提是，你不是男孩——因為談論感受有違「兄弟規範」。

大多數男孩在不同年紀各有不同的情緒表達：哭泣、吸吮拇指、晃動身體、撞／踢、運動或交談。男孩在各個年齡層與各種處境，都要能使用這些不同的情緒表達。第五及第六章，討論了同理及侵略性的社會化（socialization of aggression）如何影響男孩表達情緒；另一種影響因子則是情緒調整。

情緒調整

「情緒調整」一詞，意指在強烈的負面或正面情緒下，仍能組織、完成手中必要事項。簡單說，就是「面對」。對一個男孩而言，那可能是下課時瘋狂的抓人遊戲後，上課得冷靜下來做一長串數學；或像平時一樣坐校車上學，即便他剛剛想起自己忘了寫作業。能在強烈情緒之下照常行事的孩子，通常情緒調整的不錯。

下面兩個例子，描述兩個男孩如何學習以健全方式調整情緒。不用說，那表示他們沒有將正面或負面情緒藏在心底或讓情緒消失，而是學著去感受情緒，加以掌握，並完成眼前該完成的工作。

吸吮大姆指的查爾斯

查爾斯已經十三歲了，一感到心煩仍會吸吮大姆指。進了中學，他仍從沒學過用其他方式讓自己平靜下來（讀過前面段落，你已明白他的行為背後的生理機制：吸吮能刺激迷走神經，緩和緊張的身體）。查爾斯秉性容易焦慮，人生也一團混亂，親生爸爸棄他而去，繼父來了後的家裡長期充滿暴力。媽媽雖然盡力照顧他，卻從沒教他怎麼平靜自己，所以他找到自己的方式。

其他放鬆之道。查爾斯不知道有其他辦法可平靜下來：例如自我對話、深呼吸、質疑非理性思維或與人交談。沒人帶他找過諮商師處理人生中那些慢性創傷，所以他感到緊張時能做的，就是吸吮大拇指。問題是，直到十六歲還這麼做，不是社會能接受的；在學校，當他感到有需要時也不能這麼做。所以只要不是在家，一旦焦慮卻無法冷靜下來，於是他在學校常跟人打架，上課無法專心，查爾斯的感受絕對是拐彎溢出了。

尋求幫助。查爾斯終於被少年法庭勒令接受輔導。他的偏差行為已到了性暴露（不雅裸露）與偷竊。當父母沒主動帶孩子去諮商，法庭是孩子獲得治療的最佳契機。查爾斯並沒有告訴我他吸手指的事，是他母親告訴我的，她對此感到既窘迫又擔心。當我告訴查爾斯我能了解吸手指可讓他感到平靜時，他顯得如釋重負。我跟他解釋迷走神經張力跟情緒導致的各種生理反應，並說我知道其他方法，可幫他找到平靜。他了解這需要很多練習，期間仍會忍不住想吸手指（畢竟是這麼容易），但他答應努力，因為他也知道早該學會別種調整情緒之道。

最能讓查爾斯調整情緒的方式，似乎是自我對話。這也合理，此時他有更高的認知發展（與八歲相比），可以看到自己的想法其實能輕易左右自己的感覺與行為，交織這項工具也頗有幫助。他用圖表記錄自己吸手指的時間和促發原因，這讓我們逐漸了解該注意哪些狀況，也追蹤他的進展。

經過一個月的諮商，查爾斯的行為問題明顯改善。要走出年幼所經歷的創傷，還有很長的路要走，但起碼他現在有了新的、比較「成熟」的平靜手法。多虧他媽媽告訴我他吸手指頭的事，否則他勢必會浪費很多諮商時間，學不到以新的辦法安撫自己。

過動比利

比利也不是普通的八歲男孩，他的特殊在於，他快速學會以健全方式來控制或調整自己的怒氣。比利的媽媽不記得從什麼時候起，兒子在托兒所、學校就不斷惹事，他的主要問題是對弟弟跟其他小朋友肢體攻擊。他跨坐某人身上不斷揮拳，這畫面屢見不鮮。每當他因此被叫到外面罰站時，他總是振振有詞，像是「吉兒說她不喜歡我」或「巴比故意伸腳絆我」。無論這些理由是否屬實，比利的暴力回應實在不成比例。

經過診斷，比利有注意力失調／過動症。在改善怒氣控制方面，兼採藥物及認知─情緒─行為治療，對他很有幫助。藥物讓比利的衝動延緩，但那只解決了部分問題；據他父母說，真正產生效果的，是比利辨識感受、會思考用不同應對方式的新能力。

我跟比利介紹一種新的應對技巧，讓他在發火或害怕時試試看，比利回去馬上實驗。我也教他如何不揮拳而用口頭表示他很生氣，他回去也馬上照辦。我從沒碰過這麼合作、這麼想要改變的男孩。多虧他的父母及早帶他接受輔導，並在家觀察鼓勵他的進展。

查爾斯跟比利都有情緒調整的問題，兩人同樣是情緒大到自己無法克制，需要協助以找到社會所認同的有效方式，來表達和調整感受。需要調整的情緒還很多，從激動到寂寞。在這裡，你看到了情緒確實能夠調整，而男孩要學會怎麼做，往往需要大人的一臂之力。

男孩情緒表達的壓制

在情緒調整方面，男孩常見的一種不健康的模式是，壓制（鈍化或減低）情緒表達。人壓制情緒時，不會流露正面或負面情緒；他們把情緒藏起來不讓他人看出，甚至連自己也感受不到。但這些感覺不會「消失」，只是埋到心靈更底層，如此之深，也許再也無法覺察。

整體來說，男孩壓制情緒的情形比女孩明顯。不知為何，幼稚園小男生就曉得在學校（在哪裡都是）不能哭，女生就不會這麼覺得。雖說沒人想當個「愛哭鬼」，但當眾流露軟弱面，男生跟女生就是面臨不一樣的規則，女生可以比較脆弱。何以如此呢？

解釋人類行為發展的理論繁多，包括：社會學習論（social learning theory）、性別基模理論（gender schema theory）、認知發展論（cognitive-developmental theory）、心理動力學（psychodynamic theory）、演化論（evolutionary theory）……不一而足。要認識這些理論，最好去看發展心理學教科書，重點是：社會學跟生物學理論都解釋了男孩如何、為何表達其情緒。根據我多年的諮商經驗，男孩（及男人）的情緒壓制，主要是受到社會與文化的影響。

男孩學到不要哭或不能顯露脆弱情感，也許是其他孩子與大人教他的——不盡然是用明講的方式。我認為這種解釋比其他論述更可信，更有希望；它說明是我們關掉了男孩的眼淚，那麼我們也有機會扭轉這個局面。

情緒表達研究

理論並不能證明任何事情，科學研究也不盡能做到，但兩者都能有系統地觀察與描述所有現象，包括情感表達在內的人類行為。單單一項理論或研究，不足以充分解釋觀察到的現象。男孩壓制情緒的發展也是如此。在此，我介紹一些研究結果，讓大家對男孩情緒的相關研究略有概念。

在我進行的兩項個別研究裡，我觀察男孩從孩提到青春期情緒如何受到壓抑。量化研究（採數據資料）對各年齡層以橫斷法（cross-sectional）檢視，不同年齡與性別在自尊所顯示的模式，並探討情緒表達與當代社會影響與自尊之關聯。樣本包含五、八、十二年級，就讀美國東南部幾所私立教會學校的九十三名男孩與一百一十六名女孩。研究衡量下列的自尊之社會預報因子（social predictors）（相關事物）：如媒體影響、性騷擾、身體形象、家人與同儕關係、情感表達等。

這些預報因子相當程度地解釋了自尊的差異性，顯示這個模型確實適合探索自尊。剛進入青春期的女孩，自尊較男孩低；後期則沒有性別差異。

出人意表地，到青春期尾聲，男孩的自尊比年紀小的男生低。就本書主題而言，最值得矚目的則是，情感表達可看到明顯的性別差異，男孩在青春期的情緒壓抑愈來愈明顯（見圖4.1）。

質性研究（採言談及敘事）也發現類似現象。前個研究中的樣本被要求以書面答覆幾個問題。其中針對情緒表達的是：「對人說出感受，你覺得容易還是困難？說明理由。」回答顯示男孩情緒表達的穩定下滑，女孩則是上升。另一個有趣之處是，男生寫出的字數要比女生少很多。三十九個男孩跳過（不回答）此題，女生只有十二個如此，由此也可見性別於情緒表達的差異。

由這兩份研究可看出，走過青春期，男孩逐漸壓抑情緒，女孩則愈加釋放。雖然樣本相對小，結果卻與近來其他研究和臨床觀察大致符合。

不健康的情緒表達是何樣貌？

很遺憾地，要舉例說明男孩情緒表達不健全是怎樣，可真容易：每當他們透過偏差行為（不同於平常）拐彎宣洩情緒而非口語表達時，就看得到。看看這些男孩如何表達情緒：

★傑若米「告訴」爸媽他沒入選球隊的方

情緒表達平均數比較

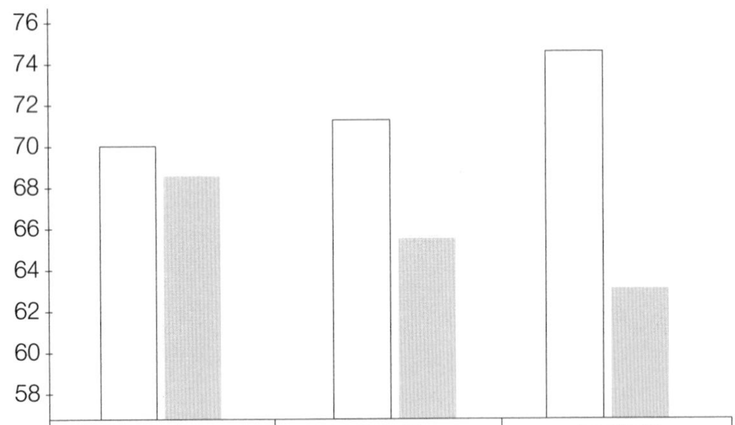

	五年級	八年級	十二年級
□ 女孩	70	71.2	74.1
▒ 男孩	67.9	65.6	63.7

圖4.1

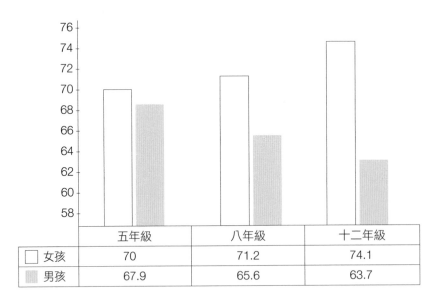

式：衝入房間，用力摔門，把牆打出一個洞。
★父母離婚兩個月後，「一直適應得很好」的十歲的賽斯，開始在穀倉玩火柴……而且離乾草堆很近。
★尚恩的狗兒死後一個禮拜，這十二歲男孩變得暴躁易怒，無法專心上課。愛狗走後，他還沒掉過一滴淚。

傑若米跟賽斯和賈柯很像（那個沒踢進致勝球、霸凌妹妹，間接傳達憤怒恥辱之情的男孩）。三個人都壓抑情緒，不直接表達，卻經由攻擊性行為拐彎溢出。其他男孩，像是沒有好好為狗哀悼的尚恩，可能出現焦慮、憂鬱症狀或冷漠無感，也都是不健康的情緒表達。

攻擊行為。你可能覺得，傑若米、賽斯跟賈柯的行為，以男孩子來說很「典型」。而即使就常態而言如此（亦即多數男孩都這樣），那仍是攻擊，仍舊不健康。無論對攻擊者本身、受害者或目擊者，都絕非一種健全的體驗。表達怒意必須遵守規則：不能傷害自己、其他任何人、任何財產。在這些以攻擊流露情緒的男孩中，傑若米是傷及財產的唯一一個。賽斯也很可能，畢竟穀倉那麼乾燥，可能起火。賈柯則傷了別人——自己的妹妹。

父母往往不認為手足爭吵「算是」一種攻擊。這很可惜，因為其實這是教男生怎麼控制脾氣、對人同理的大好時機。第六章以相當篇幅探討生氣與攻擊的差別，這裡則要闡明攻擊為何是一種不健康的情緒表達，大家又怎麼以「男生就是那樣」視為理所當然。

焦慮及憂鬱症狀。每個人都不免經歷一些沮喪時刻，偶爾感到焦慮，兩種心理反應都很正常，尤其面對悲哀或令人恐慌的事件，但若憂鬱症狀（憂鬱心情、易怒、攻擊性、自尊低等等）和焦慮症狀（難以專心、無法放鬆、焦燥易怒等等）持續超過兩週，可能就有精神上的問題，需要求助於專家。但在尋求專家協助前請先記住，要幫兒子治好憂鬱或平撫他過度活躍的交感神經系統，父母能做的其實很多。

大多數孩子都能克服生命中的挑戰與遺憾，只要大人願意聆聽，教他們怎麼面對這些感受。你可能也看出尚恩的易怒跟無法專心，是源自他對愛狗死去的哀痛沒有表達出來。悲傷本身並不構成憂鬱症，擔憂也不等於焦慮症。實際上，許多孩子經歷死亡事件都會顯露憂傷焦慮的症狀，但若沒有大人的撫慰協助，尚恩就跟許多男孩一樣遵循「兄弟規範」，藏起感覺，結果悲傷以別種面貌出現。此時，大人只顧著「修正」行為問題，而不是協助男孩處理深層情緒。

我在校園心理師實習時學到這樣功課。我仍記得當時小三的男生貝里，因為「不用心」而被送到校長室。當我在一週後輔導他時發現，他沒法專心的問題，始於他目睹父親把母親打到昏迷。他始終沒告訴任何人。

無動於衷。這是不健康（壓抑）情緒的另一種面貌，你一定見過：一個青少年下巴緊縮，不笑也不皺眉，跟你說話時嘴很少動，也幾乎沒有眼神接觸。心理學家評估一人的神智狀態時，都會觀察情緒範圍。健康的情緒很廣泛，有適當的言辭和臉部表情：談起傷心事流露悲痛，說到開心事則開心。若一人的情緒範圍很窄（情緒單調），診斷上就會註明其情緒狹窄、鈍化或壓抑。換言之，無動於衷被認為是精神健康出了狀況。

當今，似乎很多男孩女孩都有情緒壓抑的情形。若說六〇年代末到七〇年代初年輕人的主要情緒是憤怒，則千禧世代的新生代是無動於衷。我第一次注意到這個現象，是在一九九九年參加一個高中畢業典禮，在場那些年輕學子跟畢業生，說好聽點是表情嚴肅。但最能點出問題的是，女孩這種表現被視為憂鬱，男孩無動於衷則是男子氣概的表現……很正常。

健康的情緒表現是何樣貌？

健康的情緒表現會像這樣：一個到托兒所的四歲小男生可能不想跟媽媽吻別，但朝她飛快做了三次特殊（祕密）眨眼，那是「我愛你」的暗號；一個下巴被球打到而大哭的六歲男生，父母安撫後重新上場打完比賽；一個入選區運游泳冠軍賽的十歲男孩，跟父母說起此事，開心地滿臉發亮；這些都是健康情緒表現的例子。同樣地，當一個十三歲男孩在籃球比賽場上氣得對裁判大喊，隨即按捺住脾氣去跟裁判道歉（沒人強迫之下）也是。一個半夜敲父母房門，因為女友剛跟他分手，必須找人談話的十六歲男孩也是。

看看一群女孩與女人坦然交談，相互支持，流露感情。那是健康的情緒表現。一個能夠感受自己情緒、跟可靠之人分享、視情況調整的男孩，也有著健全的情緒表現。

除了與可靠之人口頭表達外，男孩的情緒表現可能透過其他形式，像是藉由音樂、詩詞、視覺藝術等。這雖然比較間接，並非「四目相交」與他人對談，仍舊意義非凡。首先，這讓男孩了解、感受、保有自己的情緒（而非遵照「兄弟規範」讓情緒消失）；第二，這種分享能自然產生與他人的對話或直接溝通。

壓抑情緒的後果

壓抑情緒的一項主要症狀，就是之前提及的情感失語症（無法感受情緒）。臨床診斷出這種問題，男性比女性多。原因也許是腦部受傷或手術，卻也可能是男性出於自衛的刻意為之，避免因流露情緒受罰，具體名之，避免違背「兄弟規範」。

精神健康

探索男孩無法或不願表達情緒這件事非常重要，因為那將影響他們一生。當前學術界認為，男性的情緒表達與身心健康息息相關，確實，憂鬱症可透過書寫或與他人談論情緒，獲得有效治療。成年男性掩飾感情的方式，與某種「陽性憂鬱症」（masculine depression）有關，意指他們確實有臨床上的憂鬱，卻不自覺憂鬱，他們只感到憤怒、表現出攻擊性，沒有感受到怒氣所遮掩的悲哀無望。稱作「陽性」憂鬱症，因其有別於傳統的憂鬱症。實際上從許多方面看來，那就像「兄弟規範」。

男孩女孩、成人女性也都可能罹患陽性憂鬱症，基本上就是以陽剛性別角色行為粉飾的憂鬱症，無關生理上的性別。《面具下的痛苦：跨越陽性憂鬱症》（*The Pain Behind the Mask: Overcoming Masculine Depression*）一書，對此有鉅細靡遺的描述，也許你會覺得值得一讀，因為那寫出男孩常可能患有卻總被忽略的一種憂鬱症，影響其人際關係、身心健康甚巨。

是的，男孩壓抑情緒最明顯的後果之一就是人際關係。從定義來說，人際關係需要彼此相對付出給予，往往涉及自我揭露（self-disclosure），展現內心思維與感受。男孩若不能自在談論自己，就很難與人建立及維繫深入關係。此外，擁有人際關係顯然是身心健康的保護因子，實際上，人類發展的最大威脅之一，就是失去這種保護因子和體系。

身體健康

男性的身心煩惱、人際關係問題與情緒壓抑之間的關聯，證據確鑿。嚴峻的陽剛性別角色，顯然也容易出現高風險行為，諸如：酗酒、不安全性行為、危險運動、抽菸、打架、不顧營養和健康等等。

如同克里斯．克馬汀（Chris Kilmartin）教授指出的，行為醫學（behavioral medicine）這門算新的領域，主要在研究可能深受心理作用影響的身體障礙。男孩及男人經由「兄弟規範」社會化的過程，可能造成一些身體疾病，像是心血管疾病與胃潰瘍，兩者皆常見於男性。

其他人對男孩情緒表現有何看法？

在寫這本書的準備過程中，我想了解其他成人與實證研究對男孩情緒的觀點，尤其對男孩的情緒表達。透過一項非正式調查——此調查包括四十五名成人，年齡從十八歲到六十八歲，分別居住於美國東部五個州——我得到下列問答；我概括他們的答覆，並以直接引述來反應某些看法。

◎你認為男孩的情緒重要嗎？重要或不重要的原因是什麼？

這題得到的答案完全一致，所有人都說：「是的，男孩情緒很重要。」至於「原因是什麼」，答案包括「若男孩及早學會表達情緒，長大就知道該怎麼做」、「男孩也是人，原因就在此」。大致上，看法明確：男孩的情緒是重要的。

◎你認為男孩應該表現出情緒嗎？如果是，地點及表現方式？

前半個問題，男女都一致回答「是的」，後半個問題就浮現差異。女性都說，男孩應該找人談，「安全可靠的人……像是朋友、爸媽、師長、教練。」女性幾乎列出他們認識的所有人，男性則只列出幾個，以家人為主。舉例來說，一名有青春期兒子的四十九歲專業人士說：「太敏感對男孩子不利。」（但是）「在家庭聚會或跟好友們在一起，男性應坦露情緒。」這位先生的說詞，反應了多數男性的答案。

一位男士卻有不同回應。約翰・謝勒芬（John Serafine）四十三歲，紐約費爾波特市（Fairport）

某高中諮商顧問兼籃球教練，有四個孩子（兩男兩女），自己在高中、大學階段也曾是傑出運動員，是家鄉運動名人堂一員。雖然本身的社會化深受「兄弟規範」影響，他卻學會質疑這狹隘的陽剛認知。以下是他對男孩情緒表現的看法：

> 男孩絕對要表現出情緒，任何時間，任何地點。我們應該讓男孩子知道，他們的情緒是他們自己的，大可隨心展現，不必得到任何人的同意。他們必須知道，無論覺得高興、難過、害怕、緊張、丟臉、生氣等，都沒有關係。我希望我們能教男孩子了解，怎麼面對情緒才是最最重要的。

◎最近一項研究顯示，男孩進入青春期開始壓抑情緒表現，女孩則是增強。你認為原因何在？

這題所有答覆都提到社會化，大多數人都引用兄弟規範的「男孩不哭」，提及男生要堅強的一般看法，「而男生要堅強，就不能哭。」意在言外的是，男孩若表現不符性別期待，往往會遭到懲罰羞辱。

◎有些男孩秉性羞怯，什麼都藏在心裡，有些則外向健談，還有些落在兩者之間。請描述你兒子（們）的秉性，並說明那跟他的情緒表現有何關聯。

我從這題答案中看到的是，許多父母（多半沒有心理、教育等科班背景）往往沒留意兒子的秉性，若有留意，這種意識有助於他們教養兒子。

◎女孩在社會化過程學會表達情緒，到國、高中也沒有成為「弱雞」……她們在運動和各領域

都是傑出對手。你認為，男孩在社會化當中是否能保有情緒，長大也不致成為「弱雞」？可能的話，怎麼做？不可能的話，為什麼？

答案主要是「是的，有可能」。不贊同上述觀察者則說，他們認為女孩還是被視為較弱，例如壘球就比棒球容易，女用籃球也比男生用球小。也許這個答案最一語中的：「情緒被視為軟弱，所以男生顯露情緒，就一定會被當作弱雞。」

以下則是各種對教養男孩表達情緒而不致成為弱雞的看法：

「可能。一個男人若安全自信就能流露情緒。挺諷刺的，不是嗎……展現情緒其實是力量的表現。」（有三名女兒的五十歲白人父親）。

「可能，我相信如果社會允許男性更合理地表達自己，他們就比較不會失控。」（有兩名兒子的五十五歲白人母親）。

「可能，抑制情緒對任何人都不健康。」（六十歲的非裔美籍，是父親也當了爺爺）。

「可能，只要『正常』對待男孩，（讓他們）發展從運動到表達感受的一切能力。」（二十一歲白人女性）。

「可能，我覺得不表達感受的男孩才是真正的弱雞。」（十九歲非裔美籍男性，大學生）。

這些回應交織出一個令男孩困惑的世界，向他們傳遞著矛盾訊息：你的情緒也許很重要，但在家裡以外表現出來卻仍有風險。不幸地，許多男孩不管在公共場合或在家都無法展現情緒。有一點值得提出：不僅男性認為，男孩在家以外最好不要顯露脆弱情緒，女性也熟知「兄弟規範」（尤其「男孩不哭」這條），了解那些規矩怎麼限制住男孩的情緒表現。我想那很難忽略。整體說來，這調查反映出一種大致看法：男孩的情緒很重要，但我們仍不知該怎麼讓它變重要。

結語

要改變男孩情緒不重要、表現情緒沒必要或不適當等現狀，是相當艱鉅的任務。那違反文化主流，讓父母及其他大人焦慮，因為沒人願意故意讓男孩受排擠；但這種怕不夠「男子氣概」的恐懼，怕成為弱雞、媽寶、娘娘腔的恐懼，正是讓「兄弟規範」壯大的燃料。

在較深層面，所有人都同意男孩要能保有情緒並自由流露。看來下一個合理步驟是改變文化常規，男孩可以不用再透過無感和攻擊隱藏情緒。可喜的是，情緒表現是很容易教的技能。當男孩學會感受與表現情緒，這些感覺就不會拐彎以不健康的方式溢出。當他們不會因為情緒流露受罰受辱，身心必然更加健康，與之相關的人們的生活也將更美好，那絕對是指所有的人。

第五章

如何培養同理心？

「E.T.跟艾略特之間有種特別的溝通方式。」
麥可低語。
「你是說，他們可以想到對方在想什麼嗎？」
科學家問。
「不⋯⋯他們可以感覺到對方的感覺。」
——史蒂芬．史匹柏電影《E.T.》對白

很難找到有人不喜歡史匹柏這部《E.T.》，但這部很棒的影片不是只有娛樂性，它簡直是在講男孩情緒的現代神話。故事是一個回不到自己太空船的外星來的植物學家（E.T.），跟地球一名男孩（艾略特）建立起特殊情誼（最終，E.T.想出辦法返回母星球）。有神話意味的部分倒不是劇情，而是E.T.跟艾略特之間的關係，以及在那當中自然流露的情緒。前面摘錄的對白，即深刻點出同理心在這段友誼的重要性。

同理為何是情緒健康的標誌？原因之一在其關係面向，它涉及他人。人際關係（家人、同儕、隊友、同事），是維持良好精神健康的保護因子，良好的人際關係對我們有益。而當一個人沒有同理能力，基本上就無法擁有深刻的人際關係。一個人若沒有辦法理解別人的生活經驗和看事角度，就不可能與之培養出健康關係。同理是情緒健全的標誌，能夠同理，人類才有別於野獸和機器。

在這本談論男孩情緒的書，同理這麼重要的題目，值得單獨一章論述。下面要談同理的本質：同理如何發展，它在男孩情緒發展所扮演的角色，它如何影響人際關係與精神健康。透過兩個例子來描繪同理對男孩生活的影響。我的目標是提供足夠的同理資訊，讓你能協助你生活裡的男孩，在日常生活中發展、壯大，運用他感受同理的能力。

男孩的人性基礎就在同理心

同理一詞（empathy）源自希臘的「empatheia」，意指「換位感受」（feeling into），這樣的思考，要能理解旁人如何感覺，也擴及「換位」到別種生物，像是動物與寵物。兩個多世紀前，亞當．史密斯（Adam Smith）如此描述同理：「能夠理解別人觀點，產生內心或情緒上的回應。」

這些描述遺漏了我認為同理的核心：要知道別人的感受，首先你要能知道自己的感覺。換言之，同理自己必須先於同理他人。從這個角度來說，許多男孩是不大能同理他人的，怎麼說？因為若同理始於對自己感受的覺察，男孩自幼學到的是不去感受自身情緒，所以，要換位站在別人立場思考的能力，將大受限制，甚至沒有可能。

有人描述同理為憤怒的解藥，我認為它也是自戀（過分關注自己）的解藥。自戀就像支撐所謂男子氣概（亦即不計代價求勝、主宰局面等）不健康層面的鋼梁，有同理心，就能直接對抗「兄弟規範」與自戀情懷。男孩只要還能「換位感受」他人體驗，就比較不會傷害人，也比較不會傷害自己，因為同理自己就會顧好自己。

欠缺同理能力

毫無同理心可能極具毀滅性。舉個例子，一九九四年，費城郊外，一夥高中生共八人，用一根棒球棒把艾迪・波雷茲（Eddie Polec）活活打死。十六歲的波雷茲，完全是在錯誤的時間出現在錯誤地點。而這夥後來被控謀殺的男孩，他們的心靈也是在錯誤之處；滿懷怒火，無法同理眼前飽受他們傷害……殺死……的無助男孩，他們輪流毆打他。其中一人抓著波雷茲的瘦小身軀，其他人不斷地揮棒，造成波雷茲面目模糊。

缺乏同理最可怕之處在於，此人會繼續為已經受傷的另一人製造痛苦。當發展到像波雷茲案那麼極端，缺乏同理時，有另一個名稱，叫做凌虐。很諷刺地，這夥男孩犯下這麼毫無人性的罪行，工具竟是小男孩的象徵：棒球棒。他們「無懼」，沒有同理能力。

當然，波雷茲的慘死，是缺乏同理可導致何等後果的極端寫照。另一個沒那麼極端的例子是，一名十三歲男孩散播前女友性方面的不實謠言，只因女友跟他分手，讓他十分受傷；散播惡意傳聞，滿足了他要取勝或「保住面子」（「兄弟規範」）的需要。再者，因為他沒能同理前女友對這些謠言的感受，因此一點也不覺得不妥。他沒能「換位感受」女孩心情，這不過才兩天前說他很在乎的同一個女孩。同理可避免這男孩因憤怒而這樣傷人，同理絕對也可避免波雷茲之死。

同理心如何發展？

關於同理心的起始與發展，並非證據確鑿的科學。絕大部分有關人類發展的知識都如此。我在這裡想結合現象學（phenomenology）方法（個人經驗）與發展心理學，以了解健全的同理心如何發展而來。稍早提及，學術界的研究與我自己的諮商經驗，再再讓我認為：同理他人，始於同理自己。

因此，男孩若不能感受自身悲傷，就無以感受他人悲傷；若不能感受自身喜悅，就無以感受他人喜悅。那麼，為何有的男孩可發展出健全的同理能力，有些不行？如同人類發展的其他面向，生物層面與環境層面都有影響，兩者交互為用。最簡單的解釋是：當男孩從周遭得到加強同理的行為，就比較能發展出能同理自己和他人的「情緒迴路」。反之亦然：當男孩沒有從周遭得到這類刺激，也就是讓他發展同理心的加強同理的各種行為，他的同理能力就可能產生偏差。

男孩的同理心從最初開始

同理心的根源可回溯到嬰兒時期。有些學者主張，新生兒聽到其他新生兒哭也跟著哭，便是一種同理反應。確實，嬰兒模仿其他嬰兒的傷心反應，可能真是同理心的前兆。嬰兒期直到將近一歲，寶寶對旁人傷心表現出如同自己傷心的反應，顯示某種連結，或「換位感受」他人的傷心。對此，一種解釋是：嬰兒尚未發展出自己與他人是分離個體的自我意識。

大約一到兩歲半之間，學步兒逐漸發展出這種自覺。同理發展重要的第一步，就是要能感受自身情感。當男孩開始明白自己是獨立的個體，他的感受就成為或說必須成為，他自己的。很顯然地，在此階段鏡射、理解、包容男孩的情緒，對培養其同理能力相當重要。

環境（父母與其他大人）如何影響同理能力？

研究同理發展的學者，格外注意與同理相關的情緒及利社會行為（prosocial behaviors）。責任感似乎與同理心跟罪惡感都有關，女孩早在學齡前便比男孩顯示出更多利社會的、能同理的反應。為何在此年紀會有如此顯著的性別差異？

一種解釋認為，三種強大的力量同時在這麼早的時期造成性別差異：孩子秉性、環境體驗、文化勢力。如同第二及第三章所提，男孩的不同秉性引起父母不同回應，這些回應又回頭影響男孩的學習與行為。這不是說，男孩的秉性決定其命運，而是說，在一個難得支持男孩情緒的文化中，父母與孩子間存在著這種複雜的親子之舞（科學上叫做交互作用）。同理心的發展，似乎跟周遭如何回應男孩有關。簡單說，男孩無論秉性如何，若沒人直接教他們認識自己與他人的情緒感受，他們就比較難發展出同理的能力。

就周遭回應來說，協助男孩（其實是所有人）發展同理心最重要的，就是要讓他們知道自己內在情緒有被理解包容。要學會同理，男孩必須先經歷有人能同理他的感受，而且這必須從他童年到青春期常態性地發生。父母或照護者必須「換位感受」男孩的體驗，男孩必須要能切實感受到打從內心被看見，被理解。

雖說同理心的前兆在襁褓期便出現，對於同理行為首度發展時機，二歲到四歲都有人說。就這麼重要的人類發展層面而言，這個年齡差異似乎太大，但許多人類行為就是這樣，尤其嬰兒與學步兒時期，不能口語表達就特別難評估。儘管挑戰重重，學者還是發現許多能加速或阻礙同理發展的有趣模式。

同理心研究。在由美國國家心理衛生研究院（National Institute of Mental Health）所贊助的一系列研究中，學者調查父母和學齡前子女間的關係。根據這些觀察，學者們指出：父母的教養方式與孩子的同理能力有關。進一步說，當父母教導孩子明白自己的行為造成其他小孩難過，例如「你看你打了強尼，他有多傷心。」會比爸媽只用行為修正法（例如「你太頑皮了」）教出來的小孩，展現更多同理心。

這份研究另一項有意思的發現是，兒童似乎同時透過直接教導和間接示範學會同理。直接教導比較常見，就是大人直接告訴小孩怎麼顧及其他小孩的感受。間接示範（觀察其他人的同理心）也許沒那麼常見；父母如果說「你看查理多難過，因為他沒能玩到鞦韆」，跟「如果我能畫得跟史蒂芬畫的那麼好，我會覺得很驕傲」，都是間接示範的例子。

當孩子觀察到，其他同儕向別的同儕做出同理反應，也是間接示範。舉例來說，當男孩目睹別的男孩讓出位置邀查理進沙坑玩（因為查理玩不到鞦韆），就看到了間接示範，不僅學到體認別人的難過，也看到撫慰能緩和傷痛。對男孩來說，這有多方面的意義。無論對哪個年紀的男孩而言，父母和大人們都有無數運用間接示範來教導同理的機會。總地來說，這些研究指出，大人可透過幾種途徑教男孩學習同理：把男孩本身的感受反饋給他們，特定的教養技巧，直接間接的示範。

有助於男孩培養出同理心的周遭回應是這樣的：男孩要能先感受自身情緒，並從父母、可靠的照護者、繼而從同儕身上感受到同理；任何秉性皆然（不見得要「敏感」型才能感受同理）。

他們可從指導、教養、示範學會同理能力。再者，得到旁人同理的男孩，也最能同理別人。

男孩的同理心如何被捻熄？

若學習同理這麼簡單，為何男孩培養不出同理能力的風險卻那麼高呢？捻熄他們同理心的過程包含幾個步驟，但在聚焦男孩以前，不妨先放下性別，看看同理能力無以發展的原因。環境風險因子看來有：與照護者缺乏親密關係、情感忽視、任何形式的虐待小孩（包括身體上、情緒上、性虐待）；時間愈長，程度愈重，風險就愈高。換言之，風險因子愈頻繁愈嚴重，兒童的同理發展就愈容易出現偏差，從毫無同理心到「超級」同理心（hyperempathy）都有可能。

你可能很熟悉所謂「社會病態」（sociopath）跟「反社會人格」（antisocial personality）（缺乏同理心或任何良知），但可能不大清楚「超級同理心」（對他人的情緒感受極度敏感）。有超級同理心的人沒那麼引人注意，因為他們並不會像毫無同理能力的人那樣，違反社會或法律規範；他們通常是「討好他人者」。討好別人是一種心理上的防禦機制，目的在保護自己。

教導同理心的「窗口」

教導同理心的時機，頗影響成效。同理能力發展似乎始於襁褓期，因此男孩愈早從照護者得到鏡射與情感連結，自然就愈好。發展心理學家主張，人類發展的某些部分有著所謂「關鍵窗口」（意謂某些技能必須要在特定年紀學會），同理心也許是其中之一。不過，人腦大部分仍有「可塑性」（plastic），一輩子都可以學會新技能。這個同理的關鍵窗口，打開時自是比關閉時為人所知。因此，雖說消除風險因子和鏡射男孩情緒是愈早愈好，但大腦很有可塑性，較年長的孩子（甚至成人）還是有機會培養出同理心。

有時好意反而傷人。多數父母並非故意漠視兒子的感受，或要捻熄他的同理能力。身為心理諮商師的經驗，讓我看到，父母的出發點往往是好意，表面行為也許傷到男孩，但絕大多數的情況下，父母其實是為了保護兒子才那麼做。我輔導過的案例中，有些父母是真心相信，打兒子是讓他學乖的最有效之道。

即便出於好意，若父母一直忽略兒子的感受，還是會造成反效果。舉例來說，有些父母怕兒子有「大頭症」，刻意忽視兒子得意地報告他在學校的優異表現。

另一些父母基於同樣原因，眼見兒子沒贏得科學展或沒能進入校隊而傷心，也置之不理。這些父母不希望兒子「沉湎」於負面；不希望他一心想著失敗。很遺憾，這也導致沒跟兒子談談他的感受。雖說有些研究發現，老想著負面事情可能引起兒童憂鬱症，但關心男孩感受並不等於「沉緬於失敗」，恰好相反，說出負面經驗，常可避免負面感受盤桓不去。

是的，表達出正面及負面情緒，使種種情緒被理解包容，對男孩是有幫助的。這對同理心的發展尤其重要。若男孩情緒沒受到正視與理解，就無法練習可貴的同理技巧。當父母和其他大人忽視男孩情緒、支持「兄弟規範」，可能會扭曲他們的同理能力。

男孩同理心的樣貌

男孩的同理程度也許很健全，也許太少，也許太多。同理心健全的男孩，人家往往會說他是「好男孩」，他真誠溫暖，也會捍衛自己。同理心太少的男孩往往會違反社會或法律規範，真正的人際關係很少（甚至沒有），他不在乎別人的感受，這種男孩可能極富魅力或非常殘忍。同理心太多的男孩是「討好他人者」，別人的情緒和需求，就像他自己的一樣，永遠把人家的需求擺在自己之上。

了解跟這些類型的男孩在一起的感覺，也很重要。與「好男孩」相處，如沐春風，這關係裡的「付出─給予」很健康。跟超級同理的男孩打交道很累，彷彿走在蛋殼上，就怕一不小心又傷了他。和同理心太少的男孩相處，往往會覺得被操縱利用，尤其當這男孩在操控你時表現得格外迷人。

要知道，兒童的直覺思考會讓他們以為「眼睛所見就是真相」，換言之，若毫無同理心的男生對他好，這男生就是好人。但終究，較大的孩子會覺得自己就是不大喜歡沒什麼同理心的男孩，有時他們也解釋不出個所以然，只能說：「我不喜歡唐尼……我不想跟他一起。」問他原因，可能得到依然模糊的答案：「我不知道為什麼……就是不喜歡。」

同理心太少的傑克

了解男孩的同理心是否健全，另一個途徑是仔細觀察他的生活。傑克沒什麼同理心，屬於殘忍而非迷人那種。我第一次見到他是在他高三時期的九月，他因為太常打架，不時受到停課處分。助理校長和諮商顧問建議，要輔導他跟他父母。他父母在前一年就接到這樣的建議，但當時並非足球賽季，他們毫無配合意願，這回傑克問題嚴重到可能被踢出球隊，爸媽只好讓他來諮詢，他們自己卻不肯前來，只是送傑克到診所就走，大多時候是讓姑姑帶他來。

這個大個兒男孩讓我診間的椅子顯得極小。他坐在最靠門邊的那張座椅，大多數被叫來接受輔導的孩子都是。我先問他一些有關學校、朋友、打架、家裡的事情，他的回答有禮直接，他說他沒什麼朋友，在家「還好」。被問到為什麼在學校一直打架，他說是別人找碴（看著又高又壯的他，我實在很難想像有人會惹他）。他解釋，很簡單，同學總笑他不聰明，所以他就揍他們。

當我開始探索他的感覺，他說他一點感覺也沒有。我繼續努力使用每種臨床工具，但他仍無動於衷。結果他說的沒錯，他不僅對他痛毆的同學們毫無同理，對自己也幾乎沒有。他告訴我這兩年來他一直偷偷用刀片割自己，他捲起袖子給我看，果然，在他那隻帶著嬰兒肥卻快像大男人的上臂，布滿無數細細的白色傷疤。聽到他的答覆再看到這個光景，我不感到意外。傑克說，刀子割下那刻是他唯一有感覺的時候。

他怎麼忘記感受的。傑克不記得，上次感到難過害怕或情感受傷是在什麼時候。他告訴我，有時在足球場被劏倒拖個幾公尺他都不覺得痛。被問到那些嘲笑他而被他抓頭猛撞置物櫃的同學有何感受時，他說：「我不曉得。我不在乎。」

傑克是怎麼走到這個程度的，感覺不到自己或他人的情緒？或從同理心的角度，他怎麼無法同理自己或他人的苦痛？記得嗎，無能發展出同理心的風險因子，包括了孩提時的慢性虐待與感情疏忽，這兩者傑克都碰上了。酗酒家庭常出現虐待小孩及疏於照顧的情形，傑克的雙親都有酗酒狀況，他們並沒有疏於提供傑克物質上的需求，他衣食無虞，有擋風避雨之處。儘管來自中上層之家，傑克的情感需求卻飽受忽視。酗酒、虐待忽視小孩、家庭暴力，這三者是沒有社會階級跟種族之分的。

傑克不記得上次父親溫言相向是什麼時候，也不記得父親哪回發火不動手揍他或哪個兄弟姊妹的。這類虐待情事從他有記憶以來即開始。他媽媽也是情感上的疏忽與虐待，她常對他的弟妹們吼叫辱罵，因為他們成績不好（就像傑克）。我問傑克，他的弟弟妹妹對父母是什麼感覺，傑克說他不知道，一臉漠然。

創傷導致感覺消失。經歷戰爭恐怖的士兵回到家，可能被診斷出急性壓力疾患（Acute Stress Disorder）。若症狀持續，或起初沒有徵兆直到過幾個月才出現，就是創傷後壓力症候群（Post-Traumatic Stress Disorder）。同樣地，當小孩目睹家庭暴力、經歷家人虐待，也會出現創傷後壓力症後群或急性壓力疾患。

創傷後壓力症候群包括許多症狀，傑克身上最明顯的一樣，也是一直讓他在學校惹麻煩的，就是感覺麻痺或喪失；當他被激怒他會「反應過度」，接著不帶半點感覺地動粗。傑克在情緒發展那重要的幾年，可說是活在戰火中，他再也無法有任何感受，並不令人意外。他的父母或早年的照護者，沒有對他的情緒提供鏡射、肯定、理解，也從未示範同理心。生命裡的其他大人（老師、教練、祖父母）給他的鏡射，顯然不足以平衡家庭長期帶來的疏忽虐待。

我不知道傑克終究是否發展出對自己或他人的同理心。一旦了解到有虐待情事，我必須向社會安全局報告（根據法律規定，諮商師發現可疑兒童受虐案例，必須向該州合適的兒童保護單位報告）。當我告訴傑克我必須這麼做，他顯得恐懼卻又鬆口氣。他想他回家後會碰上大麻煩，卻也知道不能這樣下去。我不確定他跟家裡可有任何改變，那次之後，傑克沒再來找我。

背負這許多風險因子，也難怪傑克完全沒有發展同理心的能力。家裡充滿著疏忽與暴力，傑克要是有學會妥當地處理憤怒才令人奇怪。男孩的同理心被捻熄，在多處可見端倪：經常出現攻擊性、自殘或高風險行為（喝酒、開快車），都是信號，無法建立親密的家庭關係和穩固的同儕關係也是，所有這些訊號都能在傑克身上看到。

同理心健全的安東尼奧

要形容安東尼奧，「好孩子」也許最為恰當。這個描述可能是男孩有健全同理心最準確的預報因子之一。想想你認為是「好人」的某人，想必他會關心別人，而他會關心就是他能夠同理。好男孩不會抓貓的尾巴兜圈子，不會傷害別人，不像超級同理那樣「人太好」，也不像社會病態人格那樣散發魅力。好人獨立自主，雖然關心別人，但不盲目犧牲自我需求，也不漠視自身感受。

這位好孩子跟奶奶同住。安東尼奧從沒見過父親，母親從他出生後便不斷進出勒戒所。搬去跟奶奶住時，安東尼奧是個非常活潑的兩歲小孩。奶奶工作勤奮，靠一份幫傭薪水養活自己跟孫兒。她教安東尼奧辨別是非，要以自己為榮，要關心別人，尊重他們。儘管安東尼奧有時過動的令人頭疼，但奶奶無條件地深愛這個孫子。這種感情是雙向流動的。

安東尼奧來接受輔導，大約是在奶奶心臟病猝死六個月後。目前他跟一位阿姨和姨丈住在新的城市，他的成績一落千丈。阿姨他們知道安東尼奧向來成績優異，個性開朗善良，但如今跟他們住的這個男孩卻顯得陰暗易怒，大多時候彷彿什麼都不在乎。他們擔心安東尼奧會走上岔路，設法加以導正；他們曉得在現今居住處那一帶，要走歪路太容易了。

健全的同理心也能「傷人」。安東尼奧自己也不想走錯路。他的問題自然是他仍在哀悼奶奶之死。我第一次跟他面談時，他坦然與我眼神交會，傾訴心中哀傷，似乎高興終於有人讓他可以暢談他的感受。阿姨姨丈對他很好，他們在家卻不談感覺。安東尼奧直覺長輩避免提及奶奶是怕他難過，而實際上安東尼奧明白，如果他們能多聊聊奶奶……或聽他講，他會好受很多。

於是，安東尼奧的輔導變成對這新家庭的哀悼教育。阿姨、姨丈獲得他們需要的工具，以協助安東尼奧度過失去摯愛最難的第一年。他的成績漸漸攀升，一年後，他似乎又是從前的他了。

安東尼奧是怎麼成為這個好孩子的？他為何沒有加入什麼幫派，或夥同傷害別人？儘管生命早年未能滿足需求（拋棄及早期感情疏忽是風險因子），兩歲到九歲所處的環境，卻能鏡射出他的內在世界。即便秉性「難應付」（非常活潑，非常高能量），他仍有學到理解自身與他人的情緒，學到了健全地同理別人。

協助男孩學習及保有同理心的實用法

許多環境影響型塑男孩的同理發展。是的，儘管安東尼奧本性好動，奶奶卻從沒忽略去照顧他的情緒層面，她不斷把孫子的情緒鏡射回去，祖孫在家也總能暢談彼此心情。

根據近期大腦—情緒—行為研究，顯然環境是能夠型塑及改變行為的生物基礎。舉例來說，近來一項針對牙醫恐懼的研究顯示，學會以行為技巧（放鬆練習及自我對話）安撫病患，就診時的情緒，會比對照組（未曾得到介入指導）或用藥組（服用抗焦慮藥物）來得放鬆。所以，改變行為是能改變相關情緒，連看牙醫的恐懼也不例外！

那麼，父母及其他大人如何幫助男孩培養同理心？哪些練習能像型塑牙醫病患情緒的放鬆練習，那麼有效地型塑男孩的同理技巧？培養同理技巧的主要環境支持，似乎涉及以下的行為介入，適用於任何年紀的男孩。

★**同理男孩**。這包括真誠地理解男孩情緒，「換位感受」他們的體驗並不困難，在「兄弟規範」面前卻常不翼而飛。大人常擔心，太留意男孩情緒反而對男孩不利，怕男孩因此變得「女性化」。事實絕非如此，同理男孩的情緒只會使他們更具人性。

★**正視男孩情緒**。所謂正視情緒，其實就是一旦你理解男孩情緒，便予以肯定及包容。以言語或行動都行。當男孩畏怯不前，伸手放在他肩上是一種正視。說「感到××，我覺得很自然」也是一種正視。只是聆聽男孩講述他的心情，是正視，與此相反是漠視，或羞辱他們的感受

（這也是同理心的對立面）。

★**教導同理心**。這可以採取簡單方法。同理心愈是成為家常思考（及感受）的一部分，愈容易成為男孩學會的技能，就像騎腳踏車一樣地不知不覺，一段時間過後便輕而易舉。最簡單的方法，就是經常談論別人會有何感受。若是幼兒，可用故事書中的角色，玩伴跟家人也可以。較大的孩子跟青少年，可就地取材，主要是手足、親戚、電視節目、電影、小說人物、朋友、隊友、師長等。不必是什麼人生重大課題，教導同理心，只是明白別人的需求與感受。了解這點之後，下一層連結就是探討別人對男孩舉止有何感受：「你那樣說的時候，傑米是什麼感覺？」如果答案是「我不知道」，就鼓勵男孩猜猜看；如果他還是說不知道，就為他描述幾種可能的情緒，這有助於連結男孩與他人的情緒。

★**教導界線**。當孩子和青少年能感知別人的情緒，要讓他們學會建立自己與他人間的心理界限。沒有這條線，將產生某種共生狀態（symbiosis）（心理上的融合），搞不清哪些需求、情緒究竟屬於誰。共生是兩歲以下心理發展的正常階段，之後便由個體化（明確自我）所取代。健全的心理界限反映出這個個體化，區分出——關心他人和相對於把他人問題攬下的不同。當男孩同理他人，一定要學會：不能因關懷別人而放棄本身的需求、想法及感受。心理界限有助建立自我，維護自我。

★**直接示範同理心**。直接示範同理心，可在日常與男孩對話中隨時發生。讓男孩聽見大人「喃喃自語」著：「我真替那家屋子被燒掉的人難過極了……他們一定受到很大驚嚇，絕望透頂。」或者「我真為瓜地馬拉那些孩子感到無助，每天八個小時翻垃圾堆好餵飽家人。」就這麼簡單。也別忘記示範正面想法，例如「能打進州冠軍賽，這支足球隊想必興奮極了。」注意到這些話是藉著描述第三人的情緒，來直接示範同理心。

★**間接示範同理心**。間接形式的同理，可透過觀察到旁人展現同理心時給予正面評價。像是看到哥哥同理家中某人，你就說「山謬爾真體貼約書亞啊」。若是較大兒童與青少年，周邊更有太多男孩展現同理的例子可說。只要大人有注意到，加以評論一下。正面加強男孩同理心，他們就開始理解「膽小鬼」跟「好人」的差異所在。太多時候，男孩同理別的男孩卻遭到忽視，甚至不被當件好事。教導男孩：同理別人是很棒的。

結語

同理心的生物基礎也需加以認識。有些理論家認為，因為「犯罪基因」和大腦功能差異，有些人就是沒有同理心或良知。相關理論和研究仍爭議不斷，這裡我只想說明基因對同理發展的可能影響。

本章對男孩同理心的討論著重於環境面向，因為這是可以型塑出來的。兒子繼承了怎樣的基因父母無能為力，如何教養兒子，顯然就容易掌握的多。周遭對男孩情緒的回應，會影響他們同理心的發展，正面負面都有可能。

同理心太少或太多的男孩有可能培養出健全的同理心嗎？我不能為每個男孩作出保證，但我會說，教導男孩認識自己和他人感受——在任何年紀——顯然都能強化同理技巧與行為。就像我對男孩情緒表達的看法，我堅信，男孩在同理自己和他人的情緒技巧方面是可以教的，這是讓他們情緒健康非常必要的一項技能。

第六章

如何健康地表達憤怒？

「那我應該怎樣…… 光站在那裡，眼睜睜讓他走掉嗎？」

——大衛，十五歲，因為被弟弟取笑而摔他撞牆。

憤怒是我們這文化容許男孩有的少數情緒之一。男孩可以憤怒但不能害怕、不能傷心、不能害羞。難怪憤怒是男孩經常體驗與表現的情緒，也難怪這股情緒最常表現為主動攻擊，為什麼？因為攻擊不僅廣為「兄弟規範」所接受，更隱含在常被用來定義男子氣概的那句話裡：男孩就是那個樣子。

男孩的攻擊行徑大多從家裡開始——手足之間。年長或較壯的哥哥向弟弟或妹妹找碴，如果沒人阻止，就開始對同儕跟學校資產動手，進而擴及校外。通常男孩不會以健康的方式表達怒氣，而是拳打腳踢、丟石頭、滿嘴三字經、摔角、打架……他們幾乎不會或沒人鼓勵，用言語表達心裡的感受。

男孩的憤怒一定要以攻擊為出口嗎？

男孩不用健康方式表達憤怒有很多原因，其中之一是：很少人知道健康的憤怒表達是怎樣。健康的憤怒有三個核心準則：當你表達憤怒，㈠不能傷害自己；㈡不能傷害別人；㈢不能破壞財產。男孩會用不健康跟破壞性的方式，表達憤怒的另一個原因是，「兄弟規範」始終凌駕比較健康的選項之上。本章就要檢視這些狀況如何產生，並提供策略協助男孩在感受氣惱的同時，不再轉向攻擊行為。攻擊是一種行為，並不是男子氣概（或女性化），我們來了解它為何會被聯想到男子氣概，以及要如何改變這種情形。

等待中的超級英雄

有一年，有十幾個青少年被引介到我的門診諮詢。他們全有著同樣的表現型式：無法控制憤怒。他們表現出攻擊性，也許在家或在學校，有時兩邊都會。臨床訪談時我發現，他們小時候都很迷玩具兵，進入青春期更成為職業拳擊跟足球的鐵粉。對這些男孩而言，這類運動正是男子漢的寫照，意謂著健壯、無懼、勇猛——就像超級英雄。

拳擊手跟運動員的無邊魅力，也可從男孩對玩具兵的著迷窺見。近十年來，電視上那些拳擊手的精壯身材成為公仔玩具兵的典範，成為男孩成長中自我和身材的延伸。當我跟這些男孩進行遊戲諮商時，常聽到他們說：「但願我可以長成這樣。」或「有一天我會變得跟他一樣！」

文化關聯

將超級英雄、職業拳擊、強壯玩具兵、身體上持續的痛，偶像化，跟男孩的憤怒有何關聯？起碼在兩個層面相關，而且都涉及文化。首先是針對男孩，關於攻擊的訊息，也就是：有攻擊性沒問題。第二個是文化上要求男孩必須強大的潛規則，這種強大常表現為主宰。如果一個男孩強壯結實、志得意滿、似乎無堅不摧，也就是說如果他是足球隊員或拳擊手，那他沒問題。這種驅使男孩賣力變強的文化組合，加上對攻擊性的默許或鼓勵，結果一定會產生暴力。而暴力跟憤怒並非同義詞。

就像一般人，每個男孩都會生氣（除非已經讓這種感受消失不見）。他們發火的原因跟一般人一樣，但當文化潛規則要男孩必須強勢主宰，男孩便無辜而錯誤地以為，自己不能顯示恐懼脆弱或需要幫助，以為自己不能不強大。很不幸地，他們最常用來解決這種困境的手法，就是攻擊。

強大與攻擊

在美國和其他許多文化中，男孩跟男人常以為男子氣概等同於攻擊行為。這觀念很可惜，因為（在諸多理由當中）那使我們看不見男子氣概的許多正面特質。女孩也面臨僵化的性別角色，就是身材外表要美麗，她們內化了媒體上的種種形象，接受文化要她們成為美麗客體（object of beauty）的暗示，所謂美麗則隨當時流行而定。同樣情形也發生在男孩與攻擊性之間，在一個把男性描繪成力量客體（object of power）的文化裡，難怪男孩與男人內化了強大的形象。遺憾的是，當強大定義了自我，它就跟美麗一樣成了雙刃劍。

那些自認為必須像模特兒的女孩、必須永遠強大的男孩，無法連點成線窺見全貌。很多女孩節食、暴飲暴食、挨餓、催吐，扭曲餓了就吃的單純體驗，直到再也不曉得簡單健康的飲食為何物。同樣地，很多男孩偽裝強大，壓下各式傷痛，否定原本健全的人性：感覺軟弱，直到再也不知健康的憤怒為何物。

過程像這樣。一個男孩感覺受傷或身體受到某種威脅，健康的怒氣是一種防衛機制，表示著「危險——採取自保行動！」而若他遵循「兄弟規範」或其他狹隘常規所定義的男子氣概，就會以力量遮掩軟弱。這本身並沒有不健康或不自然，但當這是他所能想到的唯一選擇，又跟他接收過的其他制約（要不計代價取勝、攻擊沒有不妥、男孩就是那樣）相結合，那就不健康了。就像自認為不可以胖的女孩、覺得不能軟弱的男孩，終將以真實的自己為代價，結果男孩面臨極少合理選擇。談論脆弱的感受，學著如何以攻擊之外的方式面對，是我們必須教導男孩的其他選項。

簡單說，文化會影響孩子如何定義自己、展現自己。當男孩感到難過受傷、害怕孤單、緊張混亂或是憤怒——所有情緒都只有一種文化所容許的出口，那就是：攻擊。文化上對外在表現的潛規則，決定了男孩應如何處理怒氣。

當然，男孩出於恐懼或軟弱的行為，又會隨著次文化跟情況而定。有些男孩從不打架，有些跟著同夥就會動手，有些只在握有武器（刀、槍）時才打，有些男孩先以言語羞辱應戰，再繼之以推壓或揮拳。若去思考這些行為之間有什麼共通點，那就是壓制帶來的強勢感，而非平和地面對軟弱。換言之，男孩採取攻擊，也許是文化所開立對付脆弱感的處方；需要具體占得上風，也許是他們無形中學來克服恐懼感的防衛機制。我們若不改變這種文化，挑戰「兄弟規範」，男孩將無從選擇，只能繼續以攻擊搶得主宰。

攻擊「零容忍」

我在本書表達的觀點，是要推動健康的表達憤怒。以沒有破壞性的手法來表達憤怒的簡單原則（不可因憤怒傷害自己、別人或財產），描述了健康表達的基本樣貌。任何年齡的男孩，都可學習直接明確地感覺與表現自己的怒氣。再三強調，最好趁男孩年幼時教導他們健康的表達之道，有更長的時間練習，才容易內化為自然舉止。

難應付的強尼

每當我思考及早教導健康的憤怒表達的價值，就會想起強尼——幾年前我輔導過的七歲男孩。強尼秉性「難應付」，意思是他衝動不服管教，無論在哪兒：家裡、學校、安親班、朋友家。我們首次會面時，我測試他指認與表達正負情緒的能力。我問他對一般事情的感覺，像是數學考高分，或在安親班被別的小朋友找麻煩。強尼的回答總是思考式的，就像：「我想，其他小朋友不該找我麻煩。」或「我想，那張數學考卷不錯。」他沒法直接說出或表達他的情緒。

經過幾次輔導與在家練習，強尼在這方面漸有進展。他仍有「難應付」的性格，但攻擊行為明顯下降。如何做到？強尼家裡對攻擊行為開始堅持「零容忍」，不管是對父母、兄弟姊妹或玩伴。意謂強尼的爸媽自己也調整了常規，開始挑戰「兄弟規範」。他們不再視強尼的攻擊行徑為正常的「男孩就是那樣」，他們向他指出那並不健康，教他能以哪些方式來宣洩怒氣。

強尼學得很快，而且動機很強，因為爸媽用行為表來追蹤進展。若有進步，他們馬上口頭獎勵（沒有給錢，沒買玩具，只有「喔—實在太—棒—了」）。另一個方式，涉及強尼超喜愛的電玩遊戲，那裡面充斥著暴力（超級英雄打爆其他的超級英雄之類的）。在我的建議之下，強尼父母解構了這個幻想遊戲；他們告訴強尼，這遊戲只是想像，如果他再用弟弟來練習「迴旋無影腳」（他從電玩遊戲看來的），他們就把電線拔掉，三天不准玩。三小時沒玩都受不了的強尼，馬上便懂。小孩即便剛進入認知階段，也能分辨真偽因果。「你再踢一次弟弟，就三天不准你玩最愛的遊戲。」對七歲男孩而言，這個概念明確一點也不難。

關於強尼的生氣與攻擊模式，還有一個有意思的點。當我第一次跟他解釋，他生氣不代表一定要發動攻擊時，他露出不可思議的表情。我用角色模擬示範，生氣如何能不轉為攻擊；我畫在紙上，教他怎麼用聲音代替拳打腳踢或尖叫。從來沒人直接教他，可以用攻擊以外的方式表達生氣。或許這樣的直接教導正是大多數男孩所需要的，因為整個文化灌輸給他們的觀念是：攻擊沒有錯。

教導與學習健康的表達憤怒

憤怒是個訊號，訴說某種心理層面或具體的威脅迫在眉睫，這個威脅也許是真的，也許只是主觀感受，但恐懼往往是憤怒底下的主要本質。這股恐懼，啟動體內「打或逃」的生化反應，但男孩卻進退兩難，若他們已自認是力量客體，就不能感到被威脅……不能感到害怕（「無懼」標誌再度飛揚）。仔細想想，這是非人性的困境……面臨威脅，卻不准感到恐懼。某個程度上我認為，這種斷離（disconnection）造成恐懼、憤怒、攻擊的整個循環。

打破「恐懼→憤怒→攻擊」循環

雖說人會因各種原因生氣，像是受挫、太累、嫉妒等等，我從許多男孩的氣惱中卻看到一種慣性，一種由未被處理的恐懼、被放大的怒意、攻擊性的行為形成的循環，一種男孩跟他人不斷產生的循環，我稱之為恐懼→憤怒→攻擊循環，看來是男孩生理和文化制約（要成為力量客體）衝擊所導致。無論在任何年紀，人體對恐懼的反應都相當可預期，憤怒就在其中。從這角度觀之，憤怒其實是一種自衛，保護我們免受真實或想像的威脅。

大部分情況下，男孩並不需要捍衛生命，不需要腎上腺素貫穿全身，衝動到使他們能留在原地（愚蠢地）跟張著血盆大口的老虎對幹，或（比較聰明地）轉身逃跑。男孩在大部分的情況只需應付心理上的威脅，但如果他們不被准許感到恐懼，之後又如何意識危機已然解除？

中斷循環

了解是什麼啟動憤怒，你就知道可從這個「恐懼↓憤怒↓攻擊」週期的何處切入；至於先從哪裡切入（見圖6.1），我認為那不重要。如你所見，任一切入點都有機會造成改變。若要完全避免攻擊產生，一警覺到恐懼感便即切入，那是打斷這個循環第一個時機。舉例來說，當一個男孩留意到自己遭受貶抑或心理上的威脅，他可以判斷（如果他重新審視局勢）狀況實非如此，他可以自我對話，告訴自己並沒有受到威脅，他很安全，不需要升起攻擊性。

或者，即便重新審視了自己的恐懼也無法按捺怒意，在他體認自己發火了或升起攻擊欲望的數秒之後，又是打破循環的時機。若他重新審視那攻擊欲望，知道自己並不想傷害誰，即可選擇走開，無須動手（同理心絕對有助於男孩打破這種循環）。

整個過程中要能隨時打破此循環，男孩必須能體察自己在一種敵對狀況升起的感受。一旦意識自己心跳飛快或者臉上發熱，在採取任何行動前，他可以選擇走開平靜下來。清楚意識，認識憤怒造成的身體反應，有助於男孩穩住自己。若能留意身體這類重要信號，他們就有時間思考，而非根據直覺行動。

我們稱為憤怒的情緒，有許多相同的生理特性，而因每個人都是獨一無二，我們也可了解個人反應會有差異。因此，在共通的生理特性之外，憤怒也可表現出各種不同形式。

打破「恐懼→憤怒→攻擊」循環

改變男孩人際衝突的模型

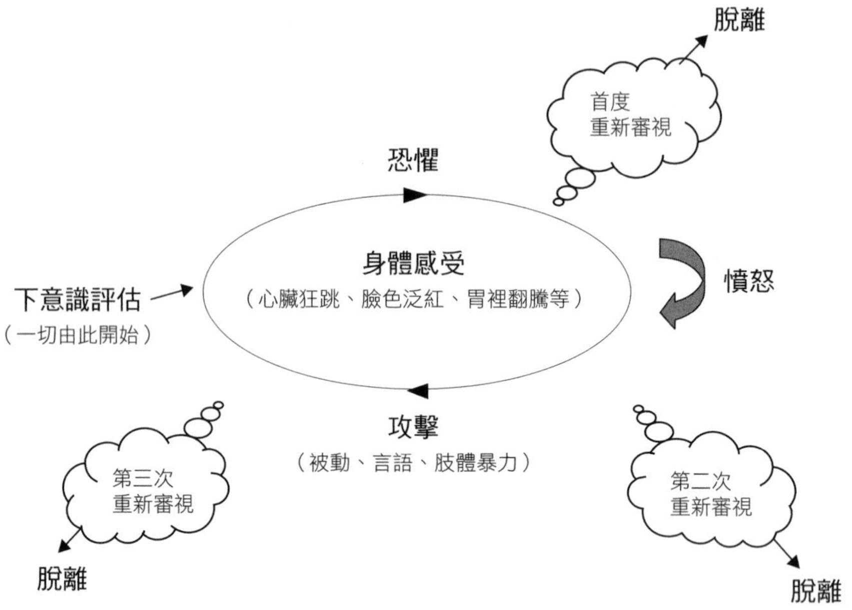

圖6.1

「重新審視」是個評估過程，驅使男孩思索取代攻擊和更多恐懼的辦法。

首度——自問是否真陷於危險，無論就實際面或心理層面。可採用自我對話，告訴自己：「我沒事。」或「我可以處理的。」

第二次——與其打架、丟東西、嘶吼、推撞等，不如告訴自己：「我要冷靜下來。」（離開現場到別處平靜下來）。

第三次——這是聽取客觀意見的最佳時機，設法跟某人談談（這也是打破週期的最後一次機會，若不成功，就得整個重新來過……）。

憤怒的生理機制

學者們為了解人體在感到憤怒時有哪些反應，做了不少研究。腎上腺素顯然在其中扮演重要推手，或者，就像卡蘿・塔芙瑞斯（Carol Tavris）於《憤怒：遭曲解的情緒》（*Anger: The Misunderstood Emotion*）中形容的，腎上腺素是「怒火的燃油」。它跟去甲腎上腺素並肩，告訴我們要打還是逃，兩者似乎也跟憤怒恐懼之感有關。這兩種荷爾蒙似乎功能類似，只是數量有差，各自影響不同的大腦—情緒—行為迴路。

自主神經系統與腎上腺素和內分泌系統的溝通，主要憑藉這些荷爾蒙與其他壓力荷爾蒙。想了解更多情緒生理構造，請見第一章或找一本好的解剖學或生理學教科書來了解。大腦每個部分幾乎都控制很多行為；行為的產生，是靠著許多荷爾蒙跟神經傳導物質合作。以憤怒及恐懼之情而言，確實如此。

憤怒的感覺不等於憤怒之情

如上所言，腎上腺素及去甲腎上腺素應該頗影響憤怒的感覺。若大量分泌，可能引發這些徵候：心搏快速，胃中翻攪，胸口或臉龐發熱，小腿肚或二頭肌緊張。這些激素由腎上腺釋出，由大腦指揮它們「告訴」身體做好準備。然而，這種憤怒的感覺，並不等於憤怒之情。

實驗室研究顯示，一個人即便注射腎上腺素，也不見得會感到憤怒，但會有生氣的生理感受（亦即心血管變化）。換言之，僅憑生理上的改變，憤怒的感覺不會變成憤怒情緒。若把腎上腺素和去甲腎上腺素的其他功能也考慮進來，更可以理解憤怒之感與憤怒之情的區別；開心、嫉妒、焦慮、興奮等情緒，應該也受腎上腺素與去甲腎上腺素影響。

分泌去甲腎上腺素和腎上腺素，是人體對緊張的部分反應，例如：疼痛、運動、藥物刺激（咖啡因、酒精、非法或處方藥物），及有威脅性的壓力源（受到喝斥、要演說、跑接力賽跑最後一棒）。過於放鬆或無聊狀態，也可能釋出這兩種激素。身心自在專注時，釋出的量最低，因為身體無須進行化學制衡。感知威脅就不同了，恐懼與憤怒的情緒啟動會發生化學作用。所以說，你的認知讓你能區別憤怒的生理機制與情緒。

評估與再評估（重新審視）

在恐懼↓憤怒↓攻擊循環，啟動化學作用的一個重要面向是評估，或思考與「估量」情勢。評估雖不是生理機制，在這生理循環中卻有相當分量，因為它在恐懼憤怒及其引發的行為反應間，扮演居中調停的角色。

憤怒評估至少有兩種，一種屬無意識的反應或思考，自動審度情勢之後，「告訴」你該戰還是該跑。另一種是再評估，或重新審視，是有意識的。當你重新審視情勢，就脫離了無意識，身體不再處於自動行駛模式。舉例來說，假設一位店員對顧客態度輕慢，這名顧客可能怒火叢生，因為最初（無意識）的評估是自己遭到故意侮辱（受到威脅）。或者，這名顧客會思考（再評估）局勢，認為這位店員只是整天不順心情很差，跟自己完全無關。

再評估能轉化心理威脅，平息怒火。這名顧客身體不再燒著怒火（心跳恢復正常，臉孔不再泛紅），憤怒之情也褪去。這個例子顯示，最初是無意識評估把生理反應加油添醋，而接著的再評估，則調停了光火反應。

再舉一個以再評估打破恐懼→憤怒→攻擊循環的例子。一個男孩被找碴，攻擊性大起，觸發事件（受威脅感）後，他可以選擇重新審視狀況：「史蒂夫真是討厭鬼，我再也不要跟他一起了。」這樣的再評估，跟受挫後想「挽回顏面」或重掌局勢大不相同；前者主要是自覺理性狀態，後者則是生理性的攻擊模式。

了解憤怒的感覺和情緒有何差異之後，你就知道再評估對處理憤怒的重要性。我希望你也同時看到，這對改變文化基準以收斂男孩攻擊性的意義。男孩可學著重新評估形勢，不必只以攻擊回敬挑釁。如圖6.1所示，再評估可發生於整個週期多處。然而，著眼文化上「男孩子就是男孩子」那種包容，我們對攻擊在男孩社會化過程的態度一定要修正。簡單說，當攻擊不再是重掌局勢理所當然的途徑時，男孩面臨威脅，就比較能重新審視狀況，而非反射地做出單一性的攻擊行為。

當男孩的憤怒轉以攻擊拐彎溢出

上個秋季我跟家人及一些朋友上山度假。友人有兩個很棒的兒子，老大大衛當時十六歲，大個頭（又高又壯，渾身肌肉），弟弟吉米十三歲，身形細瘦。兄弟被雨困在屋裡，一整天不時吵個幾句。當大人們坐在屋外門廊談天，忽然被孩子們遊樂房裡傳來的聲響嚇到，聽來像什麼家具撞碎在牆上，屋子為之震動。隨著巨響，爆出連聲驚叫。

我們衝進房內，大衛站在吉米身上，神色暴怒，吉米蜷縮地上一臉恐懼，抽聲嗚咽，每個大人瞬間怒不可抑。目睹大欺小，我們交感神經系統的每個細胞都燒了起來，尤其房裡還有一堆小孩這麼近距離目睹一切。此刻他們都睜大雙眼，上身筆直凍結在沙發上，「幾秒前我們在看大衛跟吉米打電動……為什麼……怎麼會……發生了什麼事？」他們滿臉問號，但一個字都吐不出來。

我先生約翰大吼詢問：「怎麼回事！」沒把局勢冷靜下來，他那把怒火顯然使情況更糟。大衛回答時，仍因腎上腺素高張而緊握著拳頭：「那我應該怎樣……光站在那裡，眼睜睜讓他走掉嗎？」這個回應完全謹守「兄弟規範」：地位不保時要挽回顏面，不計代價取勝，表現出攻擊性。

情況是，吉米這天一直在鬧大衛，大衛始終忍著，最多頂回去。大衛從沒想到要告訴大人，弟弟一直煩他（不符「兄弟規範」），也沒想到要堅定地告訴吉米說，住手（畢竟，一個瘦弱的弟弟不可能惹到你的，對吧？）。顯然，吉米也按著「兄弟規範」行事。一天下來，他決定是從背後偷襲大衛的時候了，於是他重重一推。可能吉米認為終於能證明自己也有力量，尤其旁邊有一群小孩當觀眾。

我一番「再評估」（花了四十秒左右），看出兩兄弟都對自己造成這局面很懊惱，我不再感到緊張：他們是「好」男孩，不是沒有良知的暴力犯。明白大衛是出於本能而非惡意，恐懼憤怒從我心中消散。我看得出，大衛是被「兄弟規範」的緊箍咒箍住，當下唯一能做的就只是把吉米摔在牆上。

我看得出大衛看到沙發上那群睜大眼的小朋友時，開始覺得後悔。其他感受（罪惡感、難過、窘迫）的升起，似乎讓他能再度評估情勢，沒繼續陷落在攻擊模式。但他仍得當著所有人面「挽回面子」，這正是觸動他動手的最初評估。我選擇讓兩兄弟和好，並教導那些嚇壞的小孩：當你生氣時，暴力並非答案。這是我的介入情形：我當著大家面跟大衛說，我了解他忽然這樣反應的原因，接著我說我知道他是個好孩子，一點也不想嚇到這些孩子或傷害吉米。我先暫停。大衛一直盯著地板，此時則抬起雙眼望著我。他知道自己被原諒，這是他需要的（這才是真正挽回面子的方法）。

我再繼續說，處理剛剛這種「攻擊」有其他途徑，然後我請大衛說，如果從頭來過，他可以怎麼做，他說：「我會走開，不揍他。」此時我請他跟小朋友們道歉（他照辦），跟小朋友說以後不要用暴力解決問題（他也照辦）。然後我轉向吉米，雖然他還很痛，但也必須承擔他在這次事件中的責任。我請吉米為自己動口動手惹惱哥哥跟哥哥道歉，吉米毫不遲疑地誠心照做，跟大衛一樣。始終挺背坐直的小孩們聽到這聲抱歉，終於放鬆下來往後靠向椅墊。整齣事件從頭到尾持續兩分鐘。

重新審視憤怒、攻擊

這個事件點出男孩憤怒的兩難。大衛在生物力量和盤旋腦海的文化暗示之下，唯一能做的就是把弟弟摔去撞牆以重掌局面。當下的他——或者約翰——壓根沒想到，有其他選項可取代肢體暴力或吼叫；事實上，對他們而言，這些選項完全不存在。「兄弟規範」深植腦海，成為本能。當然，不是每個男孩（或男人）都以這類攻擊行為表達憤怒，有的男孩吞下怒火，表面完全看不出來。然而，形諸於外的攻擊跟藏諸於心的不動聲色，都是憤怒將拐彎而出的不良信號。

男孩「拐彎溢出」的憤怒

「拐彎」表現出憤怒，指的是本書一再提及的概念：當男孩未能健全地感受情緒且明確表達出來，這些情緒將自行以其他不良方式溢出。憤怒就是其中一種。你也許熟知所謂「被動攻擊」，意謂間接表達憤怒。就男孩而言，這些拐了彎的途徑常見於主動或被動攻擊行徑，或比較沒那麼頻繁的身體毛病。當我跟父母們談起「拐彎情緒」，想到孩子種種行為和身體不適，他們瞬間就懂了。有兒子的父母尤其如此，因為太少男孩曾被教導該怎麼直接而健康地表達憤怒了。

離婚造成安德魯的憤怒「拐彎」

我曾輔導過一名十一歲男孩，他的身體忽然同時出現一堆毛病：頭痛、胃痛、睡眠障礙；不想再跟朋友玩，成績一落千丈。問題如此猝不及防，讓母親不禁懷疑他是不是得了腦瘤。等排除所有生理病因，她知道該帶兒子來找諮商。第一次會面，媽媽描述他是個「敏感」的男孩（秉性登場），小時候只要受傷或受挫就哭。進小學以後有些進步，不再輕易掉淚，也交了很多朋友。她也陳述，沒有疏忽這類風險因子。

安德魯的父親坦言，他們夫妻離婚雖令人傷心，但已過去多年，目前大家都處得非常好。當時曾面臨居處變遷的狀況，但安德魯對每件事情都「適應地非常好」。我就在此時開始深究；任何適應父母離婚狀況極好的小孩，通常都只是把情緒隱藏地非常深非常好。當我追問下去，父母都答說：「不管離婚或之後從大房子搬到公寓，安德魯從沒哭過。他實在了不起。實際上，我們兩個都是靠他才度過那段時間的……」

此時，安德魯的健康毛病開始出現曙光，有可能是創傷後的反應。確實，多數父母以為孩子沒有表現出負面情緒，就是沒有任何負面情緒在心，實際上，情況剛好相反，多數小孩清楚知道哪些情緒可以安然流露，哪些則不。此外，男孩又有「兄弟規範」教他們要把軟弱情感藏起來。安德魯自己做出結論，如果爸媽為離婚那麼傷心，他就不能傷心。他決意不讓他們更難過，問題是，如此一來，他卻拋棄了自己傷心及憤怒的感受。

釐清真相。不僅是安德魯讓自己對父母離婚的感受「消失」，他還有一個新的壓力源：爸爸開始約會了。父母完全忽略這所造成的壓力，這很容易理解，畢竟，安德魯「安然穿越」包括離婚、搬家、分別相處等事件，學校表現也沒問題，他們深信兒子已經度過兩人分開帶來的情緒餘波。因此當爸爸第一次開始約會（就在安德魯出現各種狀況前一週），雙親二人完全沒想到這兩件事會有關聯。畢竟，爸爸這女友人很好，而且本來就是這家人的朋友！

從發展心理學中，我們學到，父母離婚之後，小孩總私心盼望他們終將復合，這念頭有時浮上檯面有時則不自覺。青少年也有這種情形（我有個朋友離婚多年，即將再婚前一晚，十七歲兒子來電問她：「假如爸爸一小時內來電找你約會……你能不能取消婚禮？」）。

安德魯的輔導。安德魯的輔導重心，是幫他了解及表達出他對離婚事件「消失」的感受……此刻它們拐彎跑出來了。我是先從當下出發，然後回溯過去。安德魯很氣爸爸跟別人約會，不僅因為這打碎他對全家團圓的夢想，也因為媽媽還沒開始跟別人在一起。安德魯怕她會覺得受傷寂寞。這個年紀的他，也覺得他恐怕得再次照料媽媽（他想像的）受傷的心靈。他們離婚後，他已經「經歷過這些了」（照顧父母心靈，對任何小孩的壓力都太大了）。

因此，治療安德魯另一個部分，是協助他跟爸媽建立適當界線。就安德魯這邊，他必須學會如何在同理別人感受（就像媽媽）的同時，不把人家的感受當成自己的。這項治療也包括父母諮商，提供他們教育及發展心理學方面的資訊，以便他們能在家中營造出健全的情緒表達環境。這時有意思的事情浮現了，安德魯雙親發現，他們學到的這項新知用不到安德魯的手足身上。她們是女孩，一直很能充分表達出感受。

安德魯就像很多男孩，很早學到掩飾負面情緒，遺憾的是，他也學到抑制了正面情緒。他的生活很少歡樂，步伐難得「雀躍」。他的身體花了一段時間才恢復正常。要能維持健全的情緒表達，他需要家庭充分支持。而當然，他爸媽也學到一些重要的情緒技能（尤其是按照「兄弟規範」成長的爸爸）。諮商結束兩個月，安德魯所有的症狀完全消失。

從發展層面看憤怒

每個人表達憤怒的方式不同，涉及許多個人因素，包括認知與情緒發展、秉性、文化制約、基因等。你也許注意到，多數人都順利度過亂發脾氣的階段，學會不拳打腳踢亂叫地表達憤怒。這其中的發展進程是什麼？男孩在表達憤怒的發展上為何常跟女孩不同？

憤怒是人之常情

要回答這些問題，我們得從自我萌發（emerging self）及相伴的表徵性思想（representational thought）能力（區分自己與他人不同的能力）開始。學界有一個看法是，憤怒情緒要在幼兒出現自我意識（「心理上的誕生」）之後才可能存在。如果憤怒的確是在肢體或心理受威脅的情況產生，這種說法就頗有道理，因為幼兒必須先自視為獨立個體，而非他人的延伸。表徵性思想約始於兩歲，所以說，嬰兒餓了或疼痛會很挫折，卻不是真的生氣，因為他們根本還沒有獨立感受。

所以，亂發脾氣差不多與此心理層面誕生期同時出現，也就合情合理。此時幼兒有自己的想法，聽到警告「不行，不能用玩具敲窗戶」，他能切實感到生氣。所有的「不行」都威脅到這新發現的自我意識，又欠缺緩衝怒氣的認知技巧，脾氣就這麼爆發了。你想想，這個年紀的小孩因為多少事情被警告「不行」，幾乎就是每件事情。也難怪跟這年齡小孩的意志之爭無止無盡：擂台上現在是兩個人了。

亂發脾氣與憤怒

需要多常對付孩子發火，跟他的稟性大有關係。多數父母都曾比較過自己小孩兩三歲時，有多「好帶」或多「難搞」。隨著小小孩開始探索世界，父母為了安全，必須加以設限。就像我們家小孩的第一位小兒科醫師講的：「小孩在這年紀，腦袋比不上活動力。」然而，不是每個父母都那麼在乎孩子發脾氣。

當小孩想拿積木敲窗戶而被抱離時，秉性容易激動或焦慮的憤怒反應，會比隨和型的個性強烈。但更重要的是照護者怎麼看待。有些父母會認為生氣是一種健康情緒，並不「壞」。這也是心理諮商師的觀點。以下引自知名發展心理學家亞倫·史羅夫（Alan Sroufe）所言，可謂一語中的：

個性急的小孩，也許容易生氣，對其他小孩不客氣，難以控制衝動，覺得自己一無是處；但個性急的小孩，卻也可能充滿熱切，生氣勃勃，效率十足，受人歡迎，也可能很喜歡自己。

小孩能否控制脾氣與本性，跟家裡大人處理自己脾氣與本性的能力有關。我曾輔導過的一個家庭，有一個「很隨和」的小孩，另一個「很難搞」，各自反應雙親性情（男孩像爸爸，女孩像媽媽）。情況一直沒改善，直到爸媽開始對自己性格下功夫，也注意這對像自己的那個孩子產生多少影響。當小孩秉性跟父母很像，那不是天堂就是地獄，差別就在父母能否接受、面對、欣賞自身的性格。

父母愈喜歡自己，愈容易喜歡像自己個性的孩子。這不表示不會有衝突或彼此一定能和樂相處，而是說，孩子在這日常氛圍中就是覺得受到喜愛。當父母理解也喜歡自己，就比較能理解喜歡孩子。秉性在此互動過程中角色吃重。確實，孩子是否喜歡自己，父母、照護者、師長的影響很大。

接受自己是情緒健康的保護元素，這應該無須多說。儘管個性比較難應付的男孩，也許比較無法控制像憤怒這種引發強烈生理反應的情緒，但教他們如何面對，還是可以的。而首先，喜歡自己，說不定就事半功倍。

憤怒與攻擊的環境關聯

秉性容易影響一個人的行為傾向極大，環境因素也會導致或緩和孩童的攻擊性。理論家與學者在研究人類發展的利社會面向（如同理、同情、關心他人），也了解到孩童的攻擊性。舉例來說，未展現利社會舉止的小孩，往往出現反社會行為，像是對他人缺乏同理或關懷；攻擊與暴力行為就是這種欠缺的例子。

家庭暴力

數十年來的臨床觀察和實證研究顯示，兒童的攻擊與反社會行為跟生活在暴力家庭有關。所謂暴力，包括目睹暴行或身為受害者。雖然並非所有成長於暴力家庭的孩子，都會變得具有攻擊性或有暴力傾向，有攻擊性的小孩，則往往曾在家目睹或經歷恐懼↓憤怒↓攻擊循環。簡單說，他們從家裡耳濡目染，學到大人的憤怒無法控制，學到攻擊和暴力是表達憤怒的方式。

這些孩子也變得充滿戒備，選擇性地注意任何不友善信號，包括聲調起伏、臉部表情、身體姿勢，這嚴重影響他們的憤怒循環。曾遭暴力相向的男孩容易扭曲恐懼（基於威脅感及不友善信號），做出不正確的評估，進而發動攻擊，周而復始，除非能再評估或有比較正確的「重新審視」。

我們的文化對男孩攻擊性的包容

我們已知成長於暴力家庭的男孩發怒時較具攻擊性，但那些出自無暴力家庭卻也有攻擊性的男孩是怎麼回事？來看一下這個容忍男孩攻擊性的整體文化，也許就能得到答案。

有一項研究證明了此種包容性。該研究請受試者觀察兩個小孩玩耍，兩個孩子裹著厚厚的羊毛雪衣，無從判斷性別。當受試者被告知兩個都是男生，比起被告知眼前是兩個女生或一男一女，第一組「看到」比較低度的攻擊性。研究說明，比起女孩，男孩有攻擊性更可被接受。

娛樂與攻擊。除了社會的包容，當前美國男孩還成長於一個暴力充斥的文化。就看看電玩遊戲、電影、電視、職業運動吧，這些文化面向都在強化男孩的攻擊行為。班杜拉（Bandura）、羅斯（Ross）和羅斯（Ross）進行的經典研究中，男孩們看了暴力節目後隨即猛打不倒翁波波玩偶，這只是眾多顯示攻擊與觀看暴力相關的研究先驅。

美國的男孩們從世界摔角聯盟（World Wrestling Federation）跟侵略性的電玩遊戲，學到永難磨滅的教訓，強調：攻擊沒有關係，是娛樂。別管對方有什麼感受。獲勝就擁有權勢與尊敬。把對手打趴就對了。此外，男孩接觸到這些教訓（「娛樂」）的年紀愈小，就愈搞不清楚那不是真的……不該在家裡或對表弟做出那些行為。

世貿中心及國防部遭到恐怖攻擊後，娛樂業先有玩具廠商撤下多款暴力遊戲，重新設定電玩內容，尤其有關恐怖分子的主題。電視及電影製片隨後減少各節目的暴力情節。我希望我們的文化中，像這樣減少暴力色彩的承諾能夠持續。

攻擊行為的性別差異。在性別差異方面，同理心與憤怒有許多平行發展。進化理論家和學者指出，人類為了延續後代，女性演化為比較會照顧、能同理（以養育小孩），男性則比較有攻擊性（以獵食乳齒象及其他大型動物），這派觀點強調生物學的角色。

男孩是否較女孩有攻擊性，是心理學家長久以來研究的課題。要了解人類行為，跨文化研究頗有助益。蘿拉・康明絲（Laura Cummings）研究「朝洛斯」（the Cholos）——墨西哥一群暴力組織的女孩們——以深入探索性別與攻擊性的關聯。這項人類學研究顯示，女孩的攻擊性會跟男孩一樣強，這些朝洛斯女孩拳打腳踢、揮舞棍棒、持刀砍人，也使用槍枝等致命武器。康明絲的研究結論是，文化對男孩、女孩攻擊行為的影響，勝過基因上的影響力。

流行病學（epidemiological）研究（為了解特定問題、疾病等所進行之大型研究），也帶來更多有關性別與攻擊行為的資訊，異性約會暴力（肢體攻擊與性侵）便是其一。一九九七和一九九九年美國麻州青少年危險行為研究（Massachusetts Youth Risk Behavior Study）——對象總計有八一七三名公立高中生——顯示，每五名女學生當中，有一名（一九九七年為二〇・二%，一九九九年一八・〇%）自述曾遭約會對象行肢體及／或性虐待。更早之前，一九九五年的研究指出，女孩指遭約會暴力的比例是男孩的七倍。學者推測，男孩比較不把約會暴力視為一種攻擊。

無論個人的理論導向為何，我們難以忽略社會及文化的期待，確實常造成女性照護、男性攻擊的傾向。孩童同理心或攻擊性的發展上，環境相較於基因有不遑多讓的影響。有鑑於此，父母和男孩確實有辦法打破恐懼→憤怒→攻擊循環。

表達憤怒的健康方式

那麼，男孩如何從攻擊行為轉為健康地表達憤怒？首先，這絕對是男孩的終生課題（老實說，對所有人都是）。我曾輔導過一些成年男女，已經三、四十歲仍常任意亂發脾氣。可以說，一發怒就有侵略行徑的人，始終沒學會比兩歲小孩表達怒氣更成熟的方式。每個人的一生發展，掌控怒氣是重要的里程碑，要學會此事，基本上要先認識怒火在身體和心靈如何運作，繼而學習如何不帶破壞及攻擊意味地表達出來。

文化對男孩的制約（攻擊性沒有關係）造成的後果之一，就是讓他們把恐懼深深埋在心底，一旦爆發則如火山岩漿噴出。而男孩是可以阻斷那威脅、恐懼、憤怒、攻擊的循環的，最佳切入點可以是任何部分，因為只要一絲改變，都足以扭轉這個循環。

我深信，只要能有意識的再評估或重新審視眼前局勢，都足以打破恐懼↓憤怒↓攻擊循環，這是我最推薦的介入工具。以下建議，或許能幫助男孩重新審視自己表達憤怒的方式。若能從根本上預防攻擊產生當然最好，但若能從循環中切入，做二次性的預防，也很有價值。事實上，要經過幾次循環，怒意才會澈底消散。

健康表達憤怒的一般課程

當你有意調整有關男孩攻擊看法的潛規則，以下建議可做為一般指導方針，適用場合包括在家、課堂、運動團隊、主日學、交通車、遊戲團體、假期中，適用年齡不拘。至於特定技巧，則可能要視男孩年紀、秉性而定。

★**教男孩了解憤怒**。重新審視怒氣與攻擊的第一步是教育。男孩要了解，憤怒是人之常情，也要知道，攻擊行為出於選擇。幫他們打破迷思，明白「封鎖」或無法控制怒火、隱藏憤怒都不是堅強舉動。教導他們：健康的表達憤怒，可防止怒火「拐彎」溢出。

★**讓男孩認識恐懼→憤怒→攻擊循環，知道如何從中打破**。指導他們重新審視自己無意識的評估，從而做出其他選擇。這可把憤怒、恐懼，轉為同理、體諒及改變，所以非常具有力量。

★**取得男孩承諾，決心以健康方式取代攻擊性的表達憤怒**。男孩自身未下定決心，不可能有所改變。

★**教男孩知道健康表達憤怒的三點簡單原則**。表達憤怒不能傷害自己、別人、財產。

★**協助男孩看清自己的起火點（anger triggers）**。深入他們受傷恐懼之情與受威脅感，再探索繼發反應（secondary reactions），像是：自覺毫不重要、迷失、孤單、嫉妒、受到羞辱等。

★**教男孩看出身體發出的憤怒信號**。出現在頭部、嘴巴、胸口、臂膀、腿部、胃腸嗎？感覺發冷還是發熱？心臟狂跳？哪兒感到壓力？繼續探索憤怒可能在他們個人身上引起的狀態。

★**在家示範健全的表達憤怒**。自我審查表達怒氣的方式。若是被動或主動攻擊，做出改變，告訴兒子你正在努力，父親尤其要這麼做（叔叔舅舅哥哥也是），他們是男孩的榜樣。健康的表達憤怒很簡單，就是堅定地（而非攻擊性地）說出生氣之情。避免這種講法：「你讓我很火大。」這是轉移責任。「我如何」的說法比較妥當，比較不致引起抗拒：「我很生氣，因為你沒遵守承諾把房間（或車庫、狗窩）打掃乾淨。」這樣，焦點就在男孩行為，而非錯誤的力量歸屬。

★**指出男孩隱藏的憤怒、被動與攻擊型的發火風格**。就跟所有人一樣，男孩常以三種不健康的舉止之一處理怒意：㈠克制住，不去面對；㈡激烈地以暴力表現出來（言語或肢體）；㈢被動地以退縮或冷戰（拒絕交談或合力解決衝突）表達。任何一種反應都不健康，必須面對。多數男孩受文化影響（媒體、兄弟規範等），偏向採取肢體攻擊方式。嘶吼、辱罵、拳打腳踢、捶打牆壁，都太常被視為「正常」的男孩行為。

★**提供攻擊之外的其他選項**。比方可以跟兩歲男孩說：「強尼，你不能打我，但你可以用說的告訴我你很生氣。」面對少年或青少年則可以說：「傑米，你不能這樣對我大吼，但你可以回你房間冷靜一下，晚點再試著告訴我是怎麼回事。」

★**改變對男孩的性別角色期待**。允許男孩感到軟弱，提醒他們：真男孩無須強勢主宰。

★**兒子生氣時，別擔起他的問題**。他正努力過橋，你有兩件事要做：別擋到他的路，也別站在另一頭又跳又叫（無法控制你自己的怒火）。

★**若不健康的攻擊模式重現，別喪氣**。積習總是難改，將你自己的擔憂失望與理性思考相互交織……看向未來，想想他已做出多少改變；記住，他此刻行為並不等於長大舉止（別望遠）。他還沒發展完畢！

怒焰當下，父母可用的工具

★**爸媽務必保持冷靜**。雙方都失去控制，怒火就更快升高為攻擊（一個巴掌拍不響）。

★**別在你或他盛怒時祭出處分**。等雙方都冷靜下來再說。

★**允許兒子感到憤怒**。採用這類說詞：「我懂你的憤怒。」或「換作我，我也會生氣。」（通常這能立即緩和局面，讓你很難想像）。

★**別羞辱他的怒意，但要限制攻擊之舉**。別說「你不該生氣」，如果你真正的意思是「不要有攻擊性」。

★局面緩和後，找出不以攻擊處理怒火的**其他辦法**（有點像放馬後砲）。

★**對兒子攻擊行為的處置要一貫**。不能因為太累或受不了而「讓這次算了」。

★**關切進展，適時讚賞**。兒子有所表現，馬上告知。不管是肢體的、被動的攻擊行為減少，或健康的表達增加，都很重要，需要肯定。

★**暫停有效，無論對「兩歲的」、「十幾歲的」孩子或成年人**。有時你只需要給兒子機會控制自己。無論他是兩歲、十歲或十六歲，有冷靜空間都會讓他受益。但要記得，在彼此都冷靜之後得一起檢討反省。

★**讓家裡成為「攻擊零容忍」之地**。

怒焰當下，男孩表達憤怒的健康步驟

上述建議是讓大人知道，如何協助男孩不以攻擊來表露憤怒之情，但光告誡男孩不能如何還不夠，他們必須改採某種動作。簡單講，當移除某件事（在此即攻擊行為），男孩得有其他替代方式。男孩在盛怒時，可用三個簡單步驟做不同的回應（絕對有助打破恐懼↓憤怒↓攻擊循環）：

一、憤怒時刻意延緩行動。告訴男孩，可以喊暫停。採取行動前先等個幾分鐘（或幾秒），結果大不同（大家太輕忽數二十下的效果了）。讓男孩知道，離開一個糟糕場面（一觸即發），表示他有良好的判斷能力。

二、憤怒時，自我對話。告訴男孩，自我對話，顧名思義就是跟自己講話，只不過是在腦子裡。盛怒時告訴自己「我可以處理的」，甚至能讓四十八歲執行長跟五十六歲物理學家控制住脾氣。「我沒問題」或「我表現得不錯」，這樣的肯定句能讓腎上腺素不再噴發。告訴男孩，身體會聽從心靈指揮。自我對話帶來的平靜，能讓判斷（再評估或重新審視）變得更正確。

三、規劃——並執行——別種肢體反應。當然，男孩並不總能知道自己何時會發火，但他們可以事先準備好一旦生氣要如何回應。若文化允許男孩不使用暴力，他們就比較能在火冒三丈時控制住身體反應，或走開，或去跑步，或到健身房運動，以此化解肢體緊張，消除多餘能量。

結語

男孩最終如何表達憤怒，主要看他們學到什麼。美國文化對男孩有攻擊性的包容，他們學到很多。即便考慮到個人秉性和進化影響，孩童如何宣洩怒火、是否養成攻擊反應，大部分要看他們學到怎樣表達憤怒。是男是女，似乎也有影響力。

第七章

寫給父母的建議

家庭生活是情緒學習的第一所學校。

——丹尼爾．高曼，《EQ》

男孩的情緒發展主要（不是完全）型塑於家庭。本章多半取材自發展心理學與臨床心理學，以協助父母洞悉家庭影響力、男孩秉性、與男孩社會化之間的關聯。希望我對這些理論的闡述清晰合理。建議對男孩情緒回應的改變採取漸進方式，而非完全採用一個新的方式。我希望尊重父母與兒子間本有的溝通模式，也稍做延伸，使父母得以輔助男孩的情緒技能。

男孩眼中的情緒表達

你可能已留意到，有時我會拿女孩來跟男孩比較，目的只有一個：烘托出男孩常沒顯露的完整人性表達。來看看這個真實故事。某個晚上，接近上床時間，二年級的莫莉仍坐在沙發，說到該睡覺了，原本歡快如常的她忽然緘默不語，爸爸問她怎麼回事，她立刻眼中泛淚臉孔垮下：「我再也不要搭校車了，那些小朋友老是吵吵鬧鬧從不聽司機講話。今天下午，司機說我們明早都得去校長室！」

莫莉的爸爸仔細聽著，理解了女兒情緒轉變的原因。顯然，莫莉本來忘了這層擔憂，直到上床時間提醒她第二天的事，也讓她想起搭校車的狀況。爸爸先問莫莉有沒有遵守司機要求（也許莫莉是怕被處分？），莫莉說她有，她一直都有。這點釐清後，爸爸再問莫莉有何感受，莫莉說：「我很怕……也很生氣。」爸爸安撫她說她沒做錯事，這些感覺很合理，莫莉看來輕鬆許多。接著爸爸問她為什麼生氣（「我又沒做錯事，卻也得到校長室」）跟害怕（「那些小朋友都不聽司機的話，我不喜歡那樣」），爸爸告訴她，會這樣覺得很自然，換作是他也會。

然後莫莉跟爸爸做出第二天在校車的應對計畫，也談及如果到了校長室莫莉該怎麼做。計畫完成，莫莉臉上的陰鬱一掃而光，看來就像整個世界的重量從她肩膀卸下。對一個小二生，這可不是譬喻，世界之重是真的不見了，莫莉躺下便進入夢鄉。

行為背後的感受

上面的情景在各個家庭上演無數次。問題也許不同（校園霸凌、大考、想進校隊、青少年戀情結束等等），但感受與表達情緒、受到理解、解決問題的需求，則並無二致。當悲傷憤怒的感覺太強，孩子需要大人幫他們找出自己面對這些情緒的方式解決問題，否則這悲傷恐懼可能「消失不見」，或拐彎冒出，孩子也無法學會直接健康地表達和應對。

也許你在納悶，我講莫莉的故事有什麼用意，那是因為這類故事常有個快樂結局，如果是女孩的話。要是莫莉變成「麥可」，結局恐怕就不一樣了。如果你有讀前幾章，就很熟悉背後的原因：男孩學到不能說出自己的害怕（有些男孩甚至認為連感到害怕都不行），也學到生氣或害怕就展現攻擊性（而非說出感覺）。

如果故事中的莫莉是男孩，「怎麼回事？」得到的答覆可能是「沒事」。「兄弟規範」要求男孩為了「堅強」，必須粉飾軟弱感受。如果莫莉換成麥可，這主角大概會藏起他的恐懼憤怒，而這些情緒可能就拐彎冒出為愚行、過動，或讓他一夜不能成眠。

如何養育兒子使他能以健康方式打破社會常規（也就是「兄弟規範」），始終是為人父母的挑戰。其中重要一環，是看穿兒子行為背後的感受，知道如何處理。

如果鼓勵兒子談感受，不會讓他變成弱雞嗎？

不會，讓兒子談論感受不會使他變弱雞。第一章也說過，很多父母抗拒面對男孩情緒就是出於這層擔憂，怕兒子若感覺跟表達出情緒，多少就少了分男孩氣或陽剛性。再想到其他男孩都照著「兄弟規範」走，若兒子不同，豈不將受排擠？但如果能證明，男孩即便從小了解也能表達情緒，長大仍是堅強的「真男孩」呢？為了支持這個想法，我們且來看看女孩社會化過程和行為。

在公共場合，男孩女孩表現相當類似，都是有陽剛氣息的角色。男女孩都知道在公開場合要克制情緒，女孩不比男孩樂於被看到在學校掉淚，表現出許多「男子氣概」的特質，像是：自信、獨立、邏輯推理、目標取向。而家庭比較包容女孩的軟弱情緒，換言之，女孩哭沒關係，男生就不行。但你在學校看過幾次女孩哭？你在職場看過幾次職業婦女哭？我不是說哭不好，我要說的是，父母不敢正視和關心兒子情緒，怕導致兒子變成「弱雞」，這種憂慮顯然並無根據。

所以說，儘管家庭及社會對女孩軟弱情緒頗為寬容，男孩女孩在公開場合的行為卻顯然無異。同樣這些女孩，展現情緒上變得與男孩同樣堅強，並不總是哭泣退縮。由此觀察可知，父母費盡心思避免兒子變成「弱雞」，實際上卻可能削弱他們的情緒發展，而不是「鍛鍊」。

「兄弟規範」無所不至

過去二十年來，我輔導過數百名舉止陽剛的青少女。她們的父母都說，女兒不願談論問題（「我不想談」也是目前女孩經常講的話）。從外表看，當前國中、高中女生幾乎跟男生一樣「剛強」，什麼都放在心裡，不顯露感受。也許跟一個事實有關：男、女生情緒社會化雖有不同，卻都是在一個陽剛文化中社會化的。女孩（和女人）雖不像男孩受到那麼大的壓力得服從「兄弟規範」，她們卻也知道這些規矩並常跟著走，因為這些規矩定義了主流企業文化的生存與出頭之道。

女孩碰到轉變跟問題，有著比男孩更寬廣的情緒出口，這似乎跟兩者社會化不同有關。女孩雖學會展現剛強，隨時流露柔軟情緒卻依然被容許。簡單說，或許男孩也能學會表達所有情緒，必要時也仍能展現「強悍」。

我提供男女孩這個比較，讓你能夠正視與呵護兒子的全部情緒。最終結果會是：他能在情緒升起時知道自己感受，但他不會成為弱雞。克服這層憂慮，是所有父母（不令人意外地，還有男孩）最大的挑戰之一。

第三章針對不同年齡層的發展，已提出一些重要建議，本章我給父母更多明確概念與平日稍加修正的策略，也幫助父母評估掌握兒子的情緒發展。除非特別聲明，多數建議都適用任何年齡的男孩。

為男孩打造情緒「阿普伽分數」（Apgar score）

每個小孩一出世就會收到此生第一次評估，叫做阿普伽評分，檢測新生兒誕生後一分鐘與五分鐘的基本狀況，如果以下部分出現問題，則十分鐘後繼續追蹤：膚色、心率、刺激反射、肌肉張力、呼吸（維吉尼亞．阿普伽〔Virginia Apgar〕是發明這項指標的麻醉師）。我認為應該設計一份「情緒阿普伽評分」（Emotional Apgar Score, EAS），評估追蹤孩童的情緒技能，而且要讓男孩定期做，因為他們的情緒技能太常遭到忽略。就像呼吸是新生兒身體健康的生命線，我認為對男孩來說，情緒是精神（及身體）健康的生命線。

以下的「情緒阿普伽評分」並非標準測驗或常模參照（norm-referenced）測驗，而是要讓你思考兒子的情緒發展。我這設計是參考皮亞傑的認知發展階段，和梅爾與沙洛維的情緒智力技能表。以下就是這項評分表的大綱、評分建議，以及每項技能首度出現或能被培養的大約年紀（註：所有這些技能都應隨著男孩長大持續培養）。

情緒阿普伽評分

指示：閱讀各項技能，判斷你兒子的狀況。採下列評分：

0＝沒有

1＝有，偶爾

2＝有，經常

★**配合臉部表情及言語表達情緒**，1＋歲，或開始有具表達力的語言（此技能格外重要，因為是其他技能的基礎）。

★**指認情緒**，2＋歲，配合有表達力的語言（例如：「我很難過、開心。」等）。

★**交織正面及負面的情緒**，7＋歲（例如：「我很生氣但是我愛你。」）。

★**交織想法和感受**，7＋歲（例如：「我很難過但是我懂……」）。

★**分析情緒**，11＋歲（例如：理解情緒與想法及行為之間的關聯）分析能力與抽象推理能力同時產生。

★**調整情緒**，16至18歲應該能控制所有情緒，甚至更早（例如：掌握和控制憤怒、激動、動機等）。調整能力隨孩子年紀與情緒種類有別，年歲愈長愈容易。

情緒阿普伽評分準則

2至6歲，完美分數＝4；小於4，需要你的關注！

7至10歲，完美分數＝8；小於8，需要你的關注！

11＋歲，完美分數＝12；小於12，需要你的關注！

評分：你會注意到，小於完美分數我就沒給評分標準，因為只要這樣就絕對需要你去注意。

若回到原來阿普伽評分的譬喻，你兒子的呼吸如果只有「偶爾」，當然就需要你去關心了！使用此評分的一種方式，就是真的拿筆計算兒子的分數。然而你也可以此作為平常跟兒子互動的參考。請記住，這並非標準「測驗」，而是鼓勵你思考、追蹤兒子情緒發展的指導原則。

教兒子表達情緒的價值

表達情緒是這麼重要，因此它獨占一章篇幅（見第四章）。這裡我則要特別強調父母能怎樣，而且必須要，成為健康情緒表達的榜樣。所有父母，單身或已婚，都能幫孩子做出談論感受的示範。

我不認為有這麼一種「表達情緒基因」，出現在某些人身上而某些人沒有。雖然一般觀念及某些科學研究報導，常強調女孩較善於表達情緒這種性別刻板印象，那卻不意謂這種技能決定於生物基因。實際上，那比較是一種社會習得的性別差異。因此，無論有沒有結婚，爸爸媽媽們、繼父繼母們，你們每個人都能以身作則，讓兒子知道該如何表達情緒，也知道表達情緒是好的。

儘管男性女性都能示範如何表達情緒，同性榜樣的影響力可能比較大。女性可以指導表達情緒的必要技巧，卻恐怕不足以協助男孩克服「兄弟規範」。為什麼呢？一般來說，男孩需要親眼看到一個男人打破「兄弟規範」，並看到這男人——也許是爸爸或繼父——男子氣概不減，分毫未受傷害（並未因打破規矩而遭受排擠或懲罰）。眼見同性榜樣擊破「兄弟規範」，讓男孩能在需要或想要違反這規範時沒有猶豫。

下面這則軼事，描述父親多麼能幫助兒子表達感受。羅伯·萊克（Robert Reich）曾是九〇年代末的美國勞動部長。這份內閣職責使他必須一天工作十四個小時，很少見到兒子們。有一晚，其中一個兒子山姆要求爸爸晚上回來時要叫醒他，爸爸說那會太晚予以拒絕，但山姆不肯就範。萊克部長便問兒子原因，山姆說，他只是想知道爸爸在身旁。結果，萊克清楚聽見山姆這聲「警鐘」，沒多久便辭去這份工作。

我分享萊克親口說的這則故事，並非叫父母辭去工作，而是作為一個榜樣：兒子勇於坦露軟弱，父親仔細聆聽予以肯定。在這當中，山姆學到了一個新規則：軟弱沒有關係，告訴爸爸你需要他，很好。我們不清楚山姆怎麼學會打破「兄弟規範」的，可以確定的是，萊克正視了兒子的情緒流露。同時他也以身作則，基於情感上的（相對於財務上、理性上等等）理由辭掉高位，為兒子示範你可以打破「兄弟規範」（而依然是個男子漢）。

如何避免兒子情緒消失？

父母一定要記得直接鼓舞兒子健康的表達情緒，若加以漠視置之不理，男孩可能對自己的表達感到羞恥，並把這感覺內化。在萊克家的故事中，兒子流露的情緒受到直接正面的鼓勵。大多數的父母雖無法就那樣辭掉工作，卻一定可以正視兒子情緒上的需求。如何正視有幾種方式。

正視男孩的情緒。直接正視男孩情緒的重要性特別高，因為社會往往忽視他們的情緒，理由此書已再三說明。正視的步驟，基本上就是傾聽兒子大聲告訴你他有什麼感受，然後你答覆「我覺得那很合理」。仔細想想，真的很簡單。你可以補充說明，像是教他說，我們這個文化總是對男孩的感受視而不見，你非常清楚男孩常因為表達情緒而被懲罰或嘲笑。這個部分基本上就是討論「兄弟規範」，第二章有介紹。由這番與兒子的談話，你可能也學到新的一些「兄弟規範」。大部分的規範放諸四海皆準（像是男孩不哭），而不同區域可能也有差別。

講述自身過去。很多父母發現，述說自己故事是正視兒子情緒很有效的方法，尤其是父親。重要的是，別烘托烏托邦式或完美的結局。男孩需要聽到其他男孩、男人面對情緒兩難的困境，需要知道在真實人生裡該如何面對克服。正視兒子被分手之痛，一個爸爸就這麼分享了自身經驗：「我還記得我向蕾秋．帕克告白，被她拒絕時。我覺得很難堪，因為大家都知道我跟她告白。我也很傷心，因為我真的很喜歡她。」分享這類故事，是正視情緒的極佳典範。

當情緒偵探。另一種正視兒子情緒之道，是當起「情緒偵探」。不管兒子幾歲，探索他行為底下暗藏的恐懼、憤怒、難過、傷痛。如果他有攻擊性，探索是否有恐懼、傷痛或憤怒；如果他顯得憂鬱，也是探索這些情緒（憂鬱往往是憤怒內轉）。當男孩帶著權利受侵害的意味，要求「我為什麼十六歲還不能有車？別人都有！」繼續探索同樣這些情緒。有時這種調查很難，但絕對值得。

無論兒子年齡多大，當你與他談及他的情緒，不妨用「重大感受」來形容與正視他的情緒上所承受的痛。「重大」等字眼，往往能直搗內心，瓦解年長男孩或男人的堅硬外殼。當然，最健康的途徑，仍是把這種討論當作家庭日常的一部分，不致產生這種問題。這也是正視兒子情緒的最佳形式。

只要記得，男孩的情緒很重要。無論正負，如果升起情緒能夠表達出來——即便只是提筆寫下——就會好過很多。佩內貝克（Pennebaker）的研究支持這項論點，指出流露情緒能有較好的身心健康。病患都該知道這項研究，談論感受不僅有益情緒健康，對身體也有幫助。在你鼓勵兒子擁抱情緒的同時，牢記這一點，這對整個家庭都有幫助。

如何教導男孩指認情緒？

幫助男孩認識感受最快最有效的方式，就是把聊這些事情變成家庭常態、日常慣例，自然講出感覺跟情緒上的需求。如果你們還沒這麼做，現在開始永不嫌遲。教導兒子指認情緒最好也最簡單的辦法，就只是問一句：「你對那有什麼感覺？」適用任何年紀，這個提問是宇宙萬靈丹。因為許多父母手足不習慣於家人聚會時直接表達情緒，聊情緒這件事，必須要能融入全家人的對話當中。看著爸媽與手足相互這般詢問，對男孩非常重要，這樣就能將談感受一事變成家中常態。

男孩年幼時，需要爸媽告訴他各種感覺的名稱。有些較大的男孩也需要，尤其當他們之前沒得到太多情緒教育的話。在他們襁褓期至學步期把他們的感覺化為語言告訴他們，也是一種鏡射（見第三章）。此外，因接受性語言（receptive language）（理解語言的含義）的發展，早於表達性語言（expressive language）（說話和做手勢），男孩在學會講話前就能理解關於情緒的訊息，所以鏡射對他們發展情緒智能十分關鍵，之後等他們稍長及至青春期，「托比，那你對這件事有何感受呢？」這個簡單問句就能強化這些情緒技能。

好，我兒子跟我講他的感受了……然後呢？

每當父母在諮商時問我這個問題，我都非常佩服他們的勇氣。這對他們往往是個新局面，他們不知下一步該怎麼做。回應男孩情緒最重要的大原則就是：父母絕對不能對兒子的情緒流露不屑之意。因分享心情或需求而遭到羞辱，會是打擊男孩健全情緒發展最嚴重的單一事件。在文化基準有根本的改變以前，男孩幾乎在任何地方都會因表達感受受辱，因此，你們一定要讓家庭成為他能安心坦露情感之處，以下是幾種回應兒子表達情緒的方式。

全球性（也是最棒的）回應。當兒子跟你說他對某事的感受時，注意聽，然後說：「我覺得那很合理。」或「我能理解你為什麼覺得這樣。」就這麼簡單。當然，如果問題不小，光是正視他的情緒還不夠，你還需要繼續幫忙解決。

做好準備。如果你不習慣談感受或聽人家講這些，你可能需要先行準備一番。這對做爸爸的往往是個挑戰，因為他們在表達情緒本來就比較缺乏練習（也是在「兄弟規範」的影響下社會化的）。而媽媽們的社會化過程其實也在同樣的文化裡，也許練習表達情緒的機會是比較多些，但有些女性也不習慣談自己或聽人家感受如何。

當兒子和盤托出心中感受和需求，不知如何回應，這是許多父母常見的狀況。我也輔導過不少父母，他們可以很自在地探問兒子感受，至於該怎麼回應就不知所措。我記得有個十歲男孩有憂鬱症，他父親拚命想幫他，這個爸爸就是能勇敢提出這個問題的其中一人：「兒子告訴我他的感受之後，我要怎麼回答？」

讓你的情緒指引你。稍微想想你自己的情緒需求。在你談論自身正面或負面的情緒時，你大概不希望被打斷，希望聽到有人附和認可（「我了解」或「那很合理」）。你不會希望因這些感覺感到羞恥。只要記得這些，下回兒子跟你分享他的感覺，我相信你的回應一定很健全。

家人一起練習同理心。同理心是情緒經驗太重要的面向，特別以整章篇幅深入探討，請將第五章從頭讀到尾，務必讓每個家人都能做到同理心的付出與接受。

全家練習健全的情緒表達。憤怒和恐懼是最難控制的兩種情緒，當父母憤怒失控而有口頭或肢體暴力，極可能毀了家庭。如果能經常練習同理心，憤怒就不至於失控。同理心是對付攻擊性、自戀與「兄弟規範」的解藥。

想在家裡培養健全的情緒表達，先檢查自己的憤怒模式。是被動攻擊嗎（採取冷戰）？口頭爆發嗎（大吼大叫）？肢體暴力嗎（拳打腳踢、摔門、丟東西）？這種憤怒模式是從哪兒學來的？了解自身的憤怒模式很重要，因為就像很多事情，你是兒子學習表達憤怒的榜樣。

所以，如果你還沒學會控制脾氣，現在必須開始。了解你的觸發點（什麼會讓你爆發？），找出在那背後的恐懼，成熟地處理它，而非像個兩歲小孩。控制脾氣的一種方式是在當下大聲講出來（這也是很棒的示範）。「我現在太生氣了，必須到外頭冷靜個一分鐘。」這麼說就是一種健康的表達情緒。最後，想想這件事。當你兒子發起脾氣，你會感到害怕嗎？如果會，為什麼？

是他的怒火讓你想起某個人的嗎？如果兒子的怒氣讓你害怕，你一定要解決這個問題。恐懼會影響你教養他的效果。

當然，在家裡練習健康的情緒表達，也包括正面的情緒。我住的社區裡有個很健康的家庭，兩個兒子正值青春期。那對父母很支持兒子情緒（就像支持兒子發展運動及學業技能一般），毫不意外地，兩個兒子都很受歡迎，各方面表現傑出，非常可親。儘管這家人跟所有家庭一樣有各種起伏，我看到他們最突出的地方在於：他們一起笑的樣子。我常看見這個爸爸跟兒子開玩笑，每個人都顯得非常快樂。我分享這個觀察的用意是要強調，認識與表達一切正面情緒，像是榮耀、成就、勝利或單純的開心，跟表達負面情緒同樣重要。

男孩情緒的「必要」技能和體驗

要促進男孩健康的情緒表達，除了基本技巧，還需要更多技能和體驗。乍看下面所列的技能等，各自似乎沒有關聯，但實際上它們交織如網，共同支撐你的兒子的情緒發展。

交織技能的重要

本書不斷談及的這項技能，基本上就是融合不同向性（valence）的情緒（即：正面與負面），或融合某種想法與某種情緒。接著幾個例子是有不同向性的情緒：賈瑞在生媽媽的氣（負面），但他仍感到對媽媽的愛（正面）；萊恩沒能進校隊而感到失望（負面），但他也覺得鬆一口氣，因為有更多自己的時間（正面）。交織能力也讓男孩在傷心時感到安慰，害怕時感到鼓舞。重點就是不讓一種情緒尤其是負面情緒，整個占據男孩心神。很遺憾地，交織情緒並非廣為所知或全面指導的技能。

根據一項研究，交織技能首次出現在十歲左右，但我發現其實在更早也很容易學會。我就教會過四歲男孩使用這種技巧。而交織思維與感受的例子，也許就比較為人所知。六歲的凱爾很怕去學校的遊樂場，那兒有些霸凌者會找碴，但他隨即想到爸爸跟他講過怎麼感覺安全，他知道他可以找朋友同行，或萬一被霸凌就報告老師。簡單說，凱爾也許仍覺得怕，但他有思考如何保持安全。

思考與感受交織在一起，對應付怒氣特別有幫助，就像第六章所描述的。一個人愈能夠重新審視（或有意識地思考）自己的最初反應，就愈有冷靜的頭腦協助主導情勢。若不予以留意，憤怒會讓最善良的人失控。與憤怒相關的情緒亦然，像是極度沮喪、恐懼。

當交織能力出問題。青少年「妄想」就是思維與感受交織出差錯的例子。提出這點很重要，因為青少年在發展出「思考想法本身」這能力時，有時會做出不正確的結論。舉例來說，你是不是經常聽到青少年控訴某人批評他或在他背後「說三道四」，實際上卻根本子虛烏有？像這種情況就可能是，這孩子的擔憂跟謬誤的想法交織在一起。很多父母很清楚，跟青春期子女講理有時很難，而這種謬誤的交織也許就是原因。此時最好的做法，是先肯定孩子的情緒，之後再點出其想法或結論的謬誤之處。

想法—感受的交織會走偏鋒，另一個例子就是小孩對各種事物的恐懼，包括黑暗、蟲、狗、閃電雷劈、巨響、醫生等等。這些恐懼都建立在同樣的錯誤交織：某個謬誤念頭（如：所有蟲蟲都很危險）連至害怕之感。有人甚至說，有些恐懼症（令人無法動彈的極端恐懼）即根植於這類錯誤交織。

幼童的直覺性思考（如：所見所感，就等於真實狀況）也會造成錯的交織。舉例而言，一隻狗嚇到了三歲的約瑟夫，從此他覺得每隻狗都很可怕；一次雷雨嚇到四歲的萊恩，從此每次雷雨都讓他感到驚嚇。

如何教導交織技能？關於交織能力，最重要的訊息就是要儘早教導，長期持續。兒童及青少年都在自然的發展階段，終將會順利把正確思維和感覺交織在一起（所以，時間對你有利）。最簡單有效的教導，就是儘早開始，持續不斷到青春期。從學步到青春期，跟兒子討論他的感受。問他對某件事有何感覺，再問他對那感覺有何想法，再來是其他一些建議：

★當小男生在生某人的氣，提醒他，他對那人仍有愛和關心（別用問的，告訴他；這才會教他學到交織能力）。當青少年生某人氣，問他是否仍能感覺到對此人的正面情感；如果他說不，接著提醒他，其實那些情感仍然在他心裡。

★小男生害怕時，教他怎麼創造安全感。當父母在他睡前噴灑「除妖劑」趕走惡夢，這會有用，因為小男孩相信這樣有效，於是感到安全（想法便與感覺交織）。而大一點的少年跟青少年不會相信驅妖劑，但他們的認知技能比較好，所以可教他們如何理性思考，平撫恐懼。

★任何年齡的男孩若只談他的想法，問問他對某人某事有何感受。記得：想法和情緒相互交纏，就像繩子裡的線條。

交織不同情緒與交織情緒及想法的能力，是調節情緒、維持精神健康的必要工具。心理諮商很多重要方法都源於此。如果你教會兒子這些技能，也許就能預防某些問題產生，最少也能讓他用健康方式來面對。

媒體／娛樂圈的文化解構（十歲以上）

之前提過，媒體解構就是，質疑普羅文化（電影、電視節目、音樂錄影帶）呈現的男孩形象或男子氣概。這種解構能力，在男孩發展出抽象推理技能（大約十一歲）後比較容易教，但有些男孩也許較小便可做到。教男孩運用解構的構想，借自基爾孟（Kilbourne）與派佛（Pipher）論述，他們主張女孩必須解構有關女性身材形象的文化訊息。

出於不同原因，男孩必須懂得解構，但目的相同：了解到所謂事實，是他們親身所經歷，而非媒體和娛樂圈不斷散播在螢幕上的。媒體解構對男孩的情緒發展特別重要，因為若男孩一直看到他們的情緒不重要，「真正的」男人不談自己情緒並且「無懼」，他們就會以為這是事實。簡單說，除非你幫助兒子解構表象，了解這些人為訊息背後的真意，否則他們將被大眾媒體牽著鼻子走。

解構媒體訊息的一個方式是，當你跟兒子一起觀賞電視影集、廣告、音樂MV、電影或運動節目等，看到那種塑造大丈夫「男人好比機器」式的形象時，不妨大聲說出你的感想。這樣做的前提是，你要注意兒子處在什麼樣的媒體環境，多花時間與他相處。另一個解構技巧，是給兒子上一堂短課，告訴他這些娛樂節目背後真正的目的，讓他明白這些形象原來都是為了行銷所捏造的假象。

解構幾秒鐘。光是幾秒鐘也能非常有效，特別是當你兒子不喜歡聽訓時。講這些話不要多久，「喔，我真不敢相信這一幕，他們讓那男的那麼暴力，真男人才不會這樣！」或「我真氣這些音樂MV總把女性塑造成性玩物，女人才不只是用來滿足性！」（每隔不久，一定要邊說邊盯著兒子雙眼，說：「兒子，明白嗎？」）

其他的媒體解構幾秒鐘包括：「你有看到剛剛那幕那男孩嗎？怎麼可能那麼冷靜？只要是正常人早就嚇壞或跑掉了！」過一陣子，你的解構幾秒鐘還可濃縮為一陣不可置信的大笑、不以為然的哼哼，或僅僅「你能相信嗎？」你兒子就懂了。

最後一個提醒是，凸顯媒體展現有關男性情緒的任何真實或健康的訊息。是的，挑戰「兄弟規範」那種狹隘病態的陽剛形象的訊息寥寥可數，但還是有。這種「正面解構」可透過同樣媒體（電視影集、廣告、音樂錄影帶、電影、運動賽事、雜誌等）達成，你會看到幾個正面例子。遠比那所謂「理想」男子漢的訊息少，但別讓兒子錯過了！

歸納解構技巧：找出隱藏男性真實感受的暴力、權勢、掌控的例子，加以質疑，使男孩懂得明辨真偽，了解哪種健康、哪種病態。

鼓勵兒子跟較小的孩子相處

防止兒子情緒消失的一個好辦法，是讓他跟較年幼的小孩相處，像是弟弟妹妹、表弟表妹、親戚朋友鄰居等。可以是一起玩、當臨時陪伴小保姆、餵食他們，是的，甚至幫忙換尿片。與比他幼小的孩子相處，可讓他學到照顧人、同理心，以及基本的情緒連結技能。跟三歲娃兒溝通，不是「兄弟規範」那套單音節回應法足以應付的。跟幼童相處也讓男孩能靠近軟弱（像是需要幫忙綁鞋帶、有人牽著過馬路），太多男孩學到粉飾軟弱、需求，而非運用社會助力來面對這些感受；看著身邊小小孩的這些柔弱情況，他會想起真正的人性狀態。再者，這也挑戰了「兄弟規範」。

制止兒子嘲笑幼小的手足或同輩

太多父母在兒子跟手足朋友「打打鬧鬧」時掉頭不管。如果彼此身材相當那也許很好玩，確實可以置之不理，但如果一個比較強壯的哥哥嘲笑、霸凌或意圖恐嚇同輩或手足，那就不好玩了。如果爸媽不插手，男孩就失去一個學習同理他人感受的機會（「你覺得弟弟被你那樣說的時候有什麼感覺？沒錯。趕快向他道歉！」），也失去認識這個道理的機會——跟別的男生在一起，不見得非要取得主宰地位。

讓兒子照顧寵物

除了照顧比他年幼的孩童，男孩也可從照顧寵物中學到重要的情緒技能，包括同理心（貓咪餓了餵牠吃，孤零零的就陪牠玩）、情感認同（公開說著對家裡的狗的關心擔憂）、情緒表達（對家中寵物的情感往來）。養寵物也往往讓男孩的生命首度體驗悲痛：寵物常在他們長大成人之前便老死或意外身亡。因此，照顧寵物也讓男孩有機會體驗哀傷，接受旁人撫慰走過哀悼。

請學校諮商顧問和師長關注男孩情緒

小學。我認識一位很棒的諮商顧問，告訴我她那間小學一位調整得很好的小男生的故事。艾力克的爸爸要求這位諮商師讓艾力克加入校方提供的輔導，艾力克的媽媽過世一年，爸爸希望讓兒子盡可能得到一切情感支持。後來有一天，這名諮商師正在幫全班上情感表達課，在一個練習中，一名平日安靜的女生說她祖父上個週末過世，班上陷入靜默，幾秒過後，坐在教室後方一位男孩舉手，嘴唇顫抖：「是喔？我想，一定沒人知道我爸爸去年去世了。」全班再度陷入沉默。這個男孩開始哭泣，無法停止。

這名饒富智慧的諮商師完全知道，如何協助這班學生把握這次體驗。她瞅著艾力克，艾力克已跟她練習了多次情感表達，她點點頭。艾力克知道該怎麼做，他起身走到那位啜泣不已的男孩旁邊，沒有開口，只是伸手輕拍那男孩的背，把諮商老師塞給他的面紙遞給男孩。望著這兩個男生共體傷痛，傳遞友情，全班在靜默中瀰漫著尊敬。

這位諮商師告訴我，在那堂課結束前，全班談到：悲傷哭泣是所有人正常健康的反應，男孩也不例外。當我問，那兩個男孩之後可有碰到任何副作用（班上同學有沒有因為他們的流露情感而排斥他們？），她說，據她觀察加上班導師的回報，這一班變得更緊密了。今天我只能想像在這些男孩身上，這會產生什麼樣的長期效應。表露傷痛，在學校哭泣，接受安慰——一切都沒有關係，每個男孩都該有此幸運。

國中、高中。一般而言，較小的男孩不會認為校方輔導「娘娘腔」，但到國、高中這卻違反了「兄弟規範」，因為性別刻板模式變得很嚴苛。而男孩年紀漸長，情感表達的需求並沒有改變。寫到這裡我想到，我曾協助帶領的一個高中諮商團體，那是一群「高風險」學生，不是成績極差就是喝酒嗑藥，或兩者兼具，總共十個人，全都是男生。每週一次的集體輔導中，大家天南地北地談論一切，包括成績、父母、女友，甚至飲酒用藥的問題。

最後一次，這些男孩一致表示喜歡這個群體（並非只因為能趁機脫離課堂）。聽大家輪流說出喜歡的理由時，每個人似乎都有點意外。他們說，沒想到自己很喜歡坐在這兒，跟大家分享那些重要的事情，沒有藥物酒精也無妨。一個名叫巴巴的男孩始終沉默不語，他一頭編織長髮，身上刺青，然後開口說：「起先，得來參加這種『娘娘腔』的事讓我非常光火，」他頓了一下，「但違反校規卻變成我做過最棒的事……因為能加入這個團體。」顯然，即便強悍的高中男生，也不僅需要這種「娘娘腔」的諮商，而且樂在其中。我另外協助輔導的一個國中哀悼團體（grief group）也有同樣結局，每個人都享受這種經驗：只是坐在那兒跟其他男生與大人談著男孩們的事。

身體與心理界限的重要性

心理界限與你所思所感有關，根植在情感需求上。比較身體界線，肉眼不能見的心理界限也許比較難以理解，但當有人跨越了這條線你是可以感覺得到的：這人跟你說什麼或要求你做什麼，你怎麼就是覺得不對。身體界線也是，基本上這就是個人空間，當有人跨越這條界線你便感到不適，例如你不想被碰卻有人碰你（無論是否涉及性），或某人跟你說話時靠你太近。

嬰兒跟幼童界線很少，他們的自我仍與父母綁在一起。等逐漸長大，他們將畫出心理和身體上的界線，成為屬於自己的個體。藉由生理界線，孩子某種程度定義出獨特自我，由此獨立。

身心界線也能保護孩子免受傷害。隨著年紀增長他們學會說：「我不想再抱或親婕思敏阿姨了。」社會對於身體和心理界限也有某種約定俗成，大人小孩都一樣，包括交談時的距離、父母能否決定孩子將來的職業或婚姻。顯然這些界線根據文化而不同。就像在印度，人們在街上彼此招呼時臉孔幾乎碰在一起。今天在越南，孩子仍是父母的社會（財務）保障。簡單說，文化或許定義了某些界線、建立了群體規範，但作為個人，我們仍需自行判斷那是有利或有害。

對於身體界線，男孩在某種情況下願意退讓：激烈的肢體運動，或其他猛烈的、需忽視身體痛苦危險的成年儀式。軍事訓練（如海軍陸戰隊訓練營）就是一種例子，雖說是經過當事人的同意。而在男孩日常生活中，有些對他們身體界線的侵犯，卻不見得事先徵得他們同意，他們只是吸收到這文化充斥的訊息：男孩要經得起受傷，不排斥受傷，更不能感覺到受傷。這類訊息也許源自「男人作為戰士」或「男人保衛國家」的形象，但當他們不再需要藉著肢體優勢求生，卻還被期待凡事面不改色或不顧自身創痛，那就太不公平。如果這個文化基準能開始尊重男孩的身體界線，男孩們也將比較懂得尊重其他人的身體界線。

教導身體界線

指出男孩的行為，有助於讓他們認識自己和別人的界線在哪裡。比方說，艾瑞克可能不了解打人不對。他覺得非常惱火，就揮拳揍了弟弟。有什麼不對？如果不插手教他，艾瑞克不會學到此舉越了界，弟弟有免受肢體傷害的權利。

年齡漸長，男孩發展出同理技巧也學到社會規範，舉止比較能自然反映出自己與他人的身體界線（當然，除非他們學到另一套無視這些界線的規矩）。跟許多技能一樣，要認識身體界線，首先要知道自己的。這些技能全都根植於一項基本哲學：尊重人的身體。

從男孩學步期，父母就可以開始教他們身體界線，一路持續引導下去。當男孩把這些界線內化於心，不僅行為將比較不易使自己受傷，也會比較尊重別人。以下是一些指導建議：

★教導寶寶及學步兒，別人為何不該打他或傷害他。

★讓大一點的男孩曉得，他不需要「強悍」，也不能讓人家揍他。教他了解：在意自己的傷痛、避免受傷，是人天生的本能需求。

★教男孩認識性的界線。雖說他們沒像女孩那麼容易成為性侵害的對象，但他們依然也是。協助男孩認識自己身上的隱私部位，了解「善意的碰觸」跟「不懷好意的碰觸」，不要答應人「保密」。

★教男孩認識自己肢體上的優勢與限制。有些男孩比其他男孩更強健，多數男孩又比多數女孩強壯（當青春期發展完成）。讓男孩知道應如何掌握優勢，不以其傷害或壓制他人。

★大多數的男孩缺乏溫柔撫觸的體驗與技巧。襁褓時期也曾備受懷抱，但到了童年後期，男孩這種肢體上的「情感配額」卻大幅減少（主要出於爸媽擔心會讓兒子「娘娘腔」）。如果你希望兒子能流露情感，就得經常對他流露感情！

教導心理界限

心理界限是一種感覺，讓你知道自己和他人思維與感受的始末。舉例而言，八歲丹尼的爸爸某天下班怒氣沖沖地進門，顯然丹尼無須為爸爸的心情負責（但是丹尼可能不了解這點，而以為自己做錯什麼惹毛父親）。或者爸爸說：「丹尼，你長大以後要當證券經紀人。」丹尼本身的意願顯然被忽略。這些例子也許很簡單，重點在於：幼童很容易受他人的想法、感受影響，因為他們的界線還很容易被穿透。而實際上，當別人要一個小孩對另一人的感覺負責，或告訴這小孩該怎麼想怎麼感覺——或不要怎麼想或感覺——就是越過這小孩的心理界限了。

當人家要他別這麼想或感覺，這男孩的經驗及認知有可能受到扭曲。第五章曾提過，男孩界線若被侵犯，同理能力極可能被影響，導致同理心過多或過少。男孩、男人向來擁有更多表達公開意見的特權（制定憲法、紀錄世界史、進行科學實驗等），卻不大被容許透露內心的念頭與感受。我認為這不僅限制了男孩的情感表達，也造成他們對界限的困惑。男孩學到把心理界限往裡推到極深，深到遮蔽了自己的想法和感情。

以下的「應該做與避免做」是一些基本指引，讓任何年紀的男孩認識到健康的心理界限：

★問男孩他們有什麼感受與想法；別告訴他們（應該）怎麼想或怎麼感覺。

★聽他們說；別用你自己的想法感受強加於他們。

★正視男孩的想法及感受，絕對不可加以羞辱。

★讓男孩了解他們可以跟你有不同的想法與感受，那是一件好事。

★讓男孩學到怎麼同理他人，但別把那人的自我或困擾攬在身上。男孩必須學會怎麼安撫別人，但不能覺得自己有責任幫忙解決（除非問題是他造成的）。鼓勵男孩為別人的好運慶賀，卻不必興起比較心理。

結語

本章提供特定工具供父母使用，以促進兒子培養更健康的情緒。這些工具包括：正視男孩的情緒，教導他們交織技能，鼓勵他們與比較年幼的小孩相處和照顧寵物。也討論及解構媒體塑造男子氣概的訊息的重要性，還有身心界限與情緒發展的關聯性。身為父母，你有責任敦促學校更注重培養男孩的健康情緒。對於情緒，「兄弟規範」跟無形中的沉默密碼，始終影響著男孩，因此，家庭務必負起教導男孩處理情緒之責。如果男孩無法從家裡學到健康的情緒技能，還能從哪兒去學？

第八章

寫給其他長輩的建議

一小群深思熟慮、堅定不移的人，有辦法改變世界。絕對不要懷疑。

事實上，改變世界的力量從來就只有這個。

——瑪格麗特．米德（Margaret Mead，譯註：美國人類學家）

很多不同的成年男性跟女性，都能提供協助，加強男孩的情緒發展。這些協助可以是不經意地詢問男孩對某事的感受；可以是直接對男孩說：有這些感受是正常的；可以是教育父母，提醒他們關心兒子的情緒發展。當老師在懇親會上當眾描述某一男孩有著「聰明的頭腦，溫柔的心腸」，用的是一種幽微的手法，就像一位教練說他隊上的男孩「有愛心也有戰鬥力」。比較直接的方式，就像爺爺對擔憂的父親說：「兒子，知道嗎，我真希望你的成長過程我能夠多陪你；你兒子需要你……讓他知道你明白他現在多難過。」

作為諮商師與教授，我採直接手法。我直截了當地說男孩情緒很重要，而大人卻往往忽略了這一點。我也很快加上：漠視男孩情緒對男孩並不健康，改變這個模式，人人有責。接著我談起「兄弟規範」（詳情見第二章），男孩們為了要有所謂的男子氣概，而遵循的一種狹隘、有害身心的行為密碼。我採用直接方式，因為我認為愈多人了解這一切，我們為男孩改變現況的機會就愈大。

需要整個村子的力量

雖說這本書是為了男孩的父母和其他關心男孩情緒發展的人而寫，這一章卻是專門為男孩生命中的其他大人而做。父母從本章中也會得到收穫，因為從這裡可有系統地了解那些大人是誰，他們又能如何協助男孩的情緒發展。這章涵蓋實用的指引和一些特定建議，以協助男孩健康發展，尤其在情感表達的技巧方面。但在繼續閱讀之前，要先為男孩生命中所有的大人釐清一個問題，這個問題是：如果支撐男孩的情緒，不會讓他變成弱雞嗎？

弱雞因素

上面那個問題的答案是：不會，你不會因為支持男孩的情緒而讓他們變成弱雞、娘娘腔、懦夫或媽寶。遺憾的是，多數人並不相信。而這層顧慮加強了文化對男孩情感表達的抗拒。這種顧慮簡單說就是：表達感情的男孩比較「沒那麼」男孩樣，而且會因為沒遵守「兄弟規範」而遭到排擠（詳見第二章）。然而實情是：尊重男孩的感情並不會造成弱雞，那只會成為正常人。

如前一章為父母闡釋的，在我們這文化中，雖然女孩比男孩的情緒受到更多支持（尤其軟弱的情緒），他們在公共場合的舉止卻似乎沒什麼差別。是的，在學校或球場上，女孩不比男孩樂於流露脆弱之情。我認為，大人教男孩別提感受以防止他們變得「娘娘腔」，純粹只會抑制男孩的情感表達。「鍛鍊他堅強」這種方式或許對戰士不錯，但對男孩的情緒發展卻沒什麼好處。

當然，誰在公開場合哭或不哭不是重點，重點是：面臨困難或挑戰，女孩比男孩擁有更廣泛的情緒。這不公平。所以男孩需要被教導怎麼去感覺、表達他們的情感，知道這樣他們仍是「真」男孩。男孩生命中的大人不僅要容忍，更要正視、呵護他們的情緒，這非常重要。最終男孩將了解自己做何感受，也不致成為社會棄兒。拋掉「兄弟規範」導致僅僅依附在這文化裡的「弱雞顧慮」，是許多大人（不令人意外，還有男孩）面臨的最大挑戰。

寄養家庭父母

在協助男孩培養健康的情感表達上，寄養家庭雙親扮演的角色就類似親生父母，而前者的挑戰在於：沒有那麼多時間，也缺乏強力的依附關係；另一個挑戰是：寄養男孩的情緒已經某種程度受了傷。假如不是身經虐待或忽視，也因為眼前與親生父母分離而承受哀傷帶來的痛楚。

悲痛和壓力沒有年齡性別的限制

不管兩歲或十九歲，失去就是失去。儘管小嬰兒對失去父母恐怕沒什麼清晰的言語記憶（verbal memory），他們卻知道某種親密感的撕裂。若有人能幫助寄養兒童療癒痛失親人的悲傷，這孩子將受益匪淺，尤其是長於隱藏感情的男孩。如果這些男孩還歷經虐待與忽視（這在寄養兒童身上屢見不鮮），則其哀痛之情恐怕又將因創傷後壓力症候群更複雜化。

強烈鼓勵寄養父母閱讀有關哀悼（和創傷後壓力症候群，如果適用）之書。專為寄養兒童與哀悼所寫的最好，但任何以兒童哀悼為主的都很推薦，像是：埃姆斯維勒與埃姆斯維勒（Emswiller adn Emswiller）的《引導孩子走過悲痛》（*Guiding Your Child Through Grief*），蒙迪（Mundy）的《悲傷不是壞事》（*Sad Isn't Bad: A Good-Grief Guidebook for Kids Dealing with Loss*）。讀這些書你將發現，情緒是主軸。協助任何年紀的孩子表達感情都能幫助他們，對男孩更加重要，因為他們的感受可能受到忽略。不加照顧的話，這些情緒可能「拐彎」表現為各種狀況，從身體毛病到覺得內心有某種空洞的渴望。而攻擊行為與臨床憂鬱，也是拐彎呈現的情感表達。

我也建議寄養父母閱讀本書第二、三、四、七章。這四章一併提供了一幅關於男孩情緒發展的具體背景，也提供了應對之道。閱讀男孩情緒發展歷程時（第三章），不能只聚焦你的寄養兒子目前的年紀，就算他十歲，你也要把整章讀完。那提供了他也許仍需要掌握的較早階段的情緒技能，也描述了眼前數月、數年後他即將需要的。

依附如何影響情緒？

依附是寄養兒童情緒發展很重要的面向。所謂依附，是指人們之間一種特殊連結或和諧，多半指涉親子關係。在最純粹的意義上，那其實是一種情緒生存。對孩童來說，依附的前提是安全感、受到理解與呵護、自己也能相對付出。依附是寄養父母與孩子間的雙向交流，但有時，只有其中一方產生這種感情。

我曾看過寄養男孩對寄養父母產生依附，而寄養父母並未如此的情況下，這男孩依然在這暫時性的關係裡發展出健全的情緒技能。然而，如果是恆久性的寄養，就沒辦法這樣。在恆久性的寄養關係，依附如果尚未存在，也必須是在滋生狀態。所以建議寄養父母，最好坦白告訴寄養男孩這段相處會是多久時間。有些男孩在聽到自己只是停留一陣子的情況下，仍選擇稱呼寄養雙親為爸爸媽媽，因為他們需要依附於某人。

有時是寄養父母依附寄養兒子，男孩則因某些原因沒有相對依附感，原因可能包括：創傷後壓力症候群、依附障礙，或他大到足以明白這只是臨時性的安排。或者，他是怕再承受失去的痛而刻意避免。也可能是還依附著另一位照護者或親生父母（或當中一人）。無論什麼原因，我目睹過寄養父母有能力「帶動關係」；在這種單向依附中，大人比孩子投入較多的情緒風險、分享、關懷，並沒得到什麼具體回報（擁抱、親吻、讚賞、關心），但這關係依然可以「運作得宜」，而且對男孩的情緒發展甚有幫助。

表達情緒能防止男孩的情緒消失

雖說依附對於發展健全的情緒，扮演相當微妙的關鍵，而在協助寄養男孩的情緒發展上，最重要的基本原則是幫他認識、表達自己的情緒。這對走過哀悼、創傷後壓力症候群和培養一般情緒技巧很有幫助。最終目的是讓男孩（其實是所有人）能夠向他信賴的人傾吐感受。所以這不僅是在教男孩掌握情緒技能，更是讓他體驗一段健康的人際關係，享受在其中表達情感的放鬆。

給寄養爸爸的一些話。從許多標準來說你會是寄養兒子的性別榜樣，因為你們都是男性。所以你要牢牢記住，這個寄養兒子隨時看著你，以了解怎麼成為一個男人（就像你曾看著你父親或你生命中的其他男性一般）。你對自己的情緒會說些什麼或不說什麼，他會留意到；你對他的情緒會說些什麼或不說什麼，他也會放在心裡。假如你同意此書的主要概念（亦即男孩的情緒是重要的，表達那些情緒是每個男孩天生的權利），那麼，該如何回應他的情緒……和你自己的，就信賴你的天生直覺吧。

給寄養媽媽的一些話。基於生物上的性別差異，你不會被視為性別榜樣，但仍是做人的重要模範。如果你相信男孩的情緒很重要，能確切感受並表達出來對他有益，你就要相信你對他的情緒（以及你自己的情緒）的回應，對他是有幫助的。雖說他是從男性角色身上琢磨「怎麼成為一個真男人」，他也隨時從旁人身上學著怎麼妥當做人，怎麼與人建立關係。我記得有個十四歲的寄養男孩說，他的寄養媽媽是第一個教他知道，自己的感受是很重要的。他形容這寄養媽媽就像光，一道照亮黑暗洞窟的光。

祖父母的重要性

熟知為人父母是怎麼回事，當起祖父母的滋味格外甜美。一而再、再而三，我聽到太多男孩提起祖父母對他們多麼重要，尤其是祖父。而且不僅是跟祖父母相鄰不遠的男孩這麼說。距離似乎不能影響祖孫情，這特殊關係似乎能超越時空。

我輔導過一位十歲男孩提姆，因為在校有攻擊行為。他從沒見過父親，祖父住處開車要十三個小時，而且每天如此，但祖父對提姆仍極重要，為什麼會這樣？似乎是因為每當祖孫相處，兩人就浸淫在一種「強力時光」；提姆感覺到祖父給他完全的尊重、理解與愛。做些什麼不重要，重要的是兩人在一起的方式。當提姆試著形容祖父對他的意義時，他淚流滿面。這種力量不限於祖父，祖母也是無條件的愛的來源，這種愛能療癒任何一種自我懷疑。

祖父母能怎樣幫助男孩的情緒發展？

祖父母不負責訂定規矩或宵禁時間，不承擔父母心頭那無以言說的焦慮（我這樣做對嗎？怎樣幫兒子在校表現？如何避免讓他重蹈我覆轍？我如果支持他的情緒，他會不會被人家當作娘兒們而遭到排擠？）。因此，祖父母是在一個絕佳位置，能幫助男孩發展表達情緒的能力。他們沒有做父母的焦慮，有的是「更寬廣的視野」，他們知道何者為真、什麼是可能的、何者重要、什麼完全不重要。基於多年經驗與歲月凝練的智慧，他們可直探事物本質，解開令人困惑的衝突。

史蒂芬的祖父母。每當史蒂芬跟爸媽起了爭執（關於用車、逛商城等等），通常他就跑回房間把門反鎖，音響開的很大聲。很遺憾地，冷靜後他從沒去找爸媽把事情談開。在他看來，爸媽根本就是要「毀了他的生活」。當然，爸媽看的角度又不一樣，他們只是限制他逛商場的時間，不讓他隨時開車。就像一般常見的，父母與青少年子女陷在角力之中，往往需要客觀的第三者幫忙打開心結。

這正是史蒂夫祖父母施力之處。他們能看清（且尊重）這場角力中每個人的情緒，包括史蒂芬沒看到爸媽的、爸媽沒想到兒子的一些感受。有好人緣跟成熟長大，是史蒂芬這個階段的努力重心，他怕自己不跟大家一起去商城、開車兜風、在外待到超過宵禁時間，就會失去朋友。怎麼一邊打工一邊把書念好也讓他壓力很大，他也得分攤車子保險費，這些都是成長問題。而爸媽擔心，如果讓史蒂芬為所欲為，既不健康也不安全。

這些祖父母都看在眼裡。他們住得不遠，史蒂芬想到就往那裡跑。不令人意外，他每個禮拜都會去好幾次「就去看他們好不好」。祖父母年紀大了，史蒂芬開始幫他們跑腿做些雜事，當他們沒事（有時他們會設法沒事找事），祖孫們就純粹聊天。祖父母聽史蒂芬聊著種種壓力跟社交煩惱，總是說：「聽起來很合理」或「得在大夥兒解散前先回家可真沒面子」。

祖父母也很小心不踩到史蒂芬爸媽的界限、不抹殺他們的善意。實際上他們為史蒂芬提供最需要的觀點：「你爸媽這樣做不是要破壞你的生活，雖然感覺上很像這樣；他們只是設法保護你的安全健康。」清楚聽到這種出發點，確實有助史蒂芬撫平一些不當怒氣。

所以說，在男孩最艱難的青春期歲月，祖父母可扮演爭執的緩衝，並肯定他們的情緒。然而祖父母也不必等到孫兒青春期才去支持他表達情緒，實際上，愈早開始愈好！打從他能講話就鼓勵他把心裡話說出來，等他青春期時你更容易幫助他。我們大可推測，如果史蒂芬小時候曾有更多表達情感的練習，就應該比較能透過言語讓父母知道他的害怕恐懼，而不是透過舉止。

所以，如果你的孫子按照「兄弟規範」行事，告訴他們：長此以往，「兄弟規範」帶給他們的好處可能不比傷害（祖父可舉自身經歷證明）。

祖父母兼職父母。假如你或你認識的人在撫養孫子，因為他爸媽不在或無法親自養育小孩，那麼，看過這整本書應該對你頗有幫助。

僅次父母地位的師長

每當我與老師談話，我總要特地告訴他們：在學生眼中，他們的重要性僅次於父母。有些老師聽了瞭然點頭，有些面露訝異，同時也相當開心。在男孩家庭外，老師是他往來最頻繁的大人。這很重要。雖說每個老師個性不同，專業有別，與學生互動方式也各異，卻都可以在班上對男孩表現同等的尊重。這股尊重，男孩極其需要。

課堂裡的「兄弟規範」與男孩情緒。挑戰「兄弟規範」（見第二章）的一種方式，是鼓勵男孩認識及表達自己的情緒。如果你本身不喜歡談論情緒，這會有點困難。但情緒如何影響學習，老師太清楚了。學習的情緒面向，不是在班上表現出「多愁善感」或「肉麻兮兮」的；而是把情感元素融入課業學習。

以下課堂清單，旨在協助老師讓課堂成為男孩可自在流露情緒的地方。這些建議直接挑戰「兄弟規範」？

給小學及國中老師：

跟男孩聊起他們的課業，或在遊樂場聊起社交經驗時，儘量使用情感字眼：「你看來很開心……難過……榮耀……好奇……生氣……沮喪……興奮。」男孩必須能經常運用自己的情緒技能，就像運用認知技能一樣。

對任何嘲笑男孩表達情感的行為，採取零容忍政策。舉例來說，當孩子們看到一個男孩流露柔軟情感便叫他愛哭鬼或娘娘腔，當場讓大家知道：所有的感覺都很正常很健康，在你班上絕不容許霸凌！

給高中老師：

可以趁著高中時光矯正男孩國中學到的那些嚴苛的性別角色。你在課堂的言行，會為男孩加強、挑戰或澈底改變那些刻板印象。

高中沒任何道理容忍對男孩霸凌或戲弄。讓你的班級成為攻擊零容忍之處，包括挖苦這類口頭攻擊。以身作則，讓大家看到不能以攻擊建立權威。這將驅使男孩透過堅定果敢的方式捍衛自我，表達憤怒。你可以怎麼示範呢？很簡單，只要不使用挖苦、奚落的語言或做出威嚇性姿態（有時老師會不自覺如此）。當在上位者尊重下位者，就比較不會出現那些支配、從屬的問題。

儘量多用感受性、情緒性的言詞。如上述那般反饋男孩的情緒：「你看來很生氣、榮耀、好奇、開心、沮喪等。」即便你教的課好像跟情緒無關，像是數學或物理。學生是人，男孩也是人。解決複雜的幾何程式或弄懂相對論跟物理法則，都讓人相當開心，聊聊這些感受。

以上建議同等適用於有錢或沒錢的學生、住城內或住郊外的、基督教徒或非基督教徒、本土出生或外來移民；情緒不分膚色，不分種族，不帶偏見。情緒是人性。

老師也可透過與家長討論男孩情緒，間接予以支持。父母可能就是透過老師，才首度聽到男孩情緒很重要這種概念（或知道有這本書）。老師不僅可以是了不起的榜樣，更可在班上為學生打造經驗。當男孩因這些經驗發揮完整人性，而不再只是無動於衷的機器人，老師其實便教了寶貴的一課。

校長的影響

校長跟學生接觸有限，多半只是在懲戒或頒獎時，所以校長對學生的影響是間接的——透過老師。我想在此討論兩個層面：第一、校長與學生的接觸，這會影響男孩在中小學的情緒發展；第二、校長在創造一個理想氛圍的影響，讓老師在此環境能充分幫助男孩發揮情緒天性。

校長與男孩的接觸。學生會記得校長對他說的話，部分原因在於校長代表的權力。此外，男校長不僅扮演行政一職，也兼作男子漢的榜樣。所以，當校長打破「兄弟規範」，男孩會注意到。

舉例來說，假設一名男學生因打架被送到校長室，校長說：「如果那孩子對我這樣說，我也會覺得害怕生氣……但這不能作為失控揍人的藉口。我們不接受暴力。」這麼一席談話可達到兩個目的：肯定這男孩的情緒；挑戰了「兄弟規範」。男孩需要從有權勢的男性口中聽到這類訊息。

同樣地，女校長能夠也必須向男孩傳遞這種訊息。雖說從生物角度，男孩不會把女校長視為生物陽剛楷模，從權勢角度，他們仍會尊崇她的「陽剛」角色。

校長與學生第二類接觸也同樣影響深遠，因公開頒發學業或體育獎項激發學生正面情緒。獲獎時的正面情緒受到彰顯，男孩的情緒發展由此受到支持。一些關於榮耀與開心的言論不僅發乎自然，更對男孩與其父母意義非凡（對正面經驗大做文章，不是女孩的特權）。

校長最強的影響。校長為教職員打造的校園氛圍（或環境）極其重要，這氛圍顯然也影響學生。儘管校長不能強迫老師言行，卻能創造一種教職員尊重男孩情緒的氣氛。這種尊重不是僅由校規制定，而能處處見於師生互動。若校長是「兄弟規範」的遵行者，隱性也好公然也好，這種規範就會瀰漫到校方所有活動。若校長挑戰及打破這些規定，男孩的人生、情緒發展就比較會受到支持。

我從事諮商早期，有位朋友工作的那所學校，男性教師會對女老師的身材「打分數」，校長也參與這種性別歧視的遊戲。你可以想像這學校的氛圍如何。雖然很多方面我朋友很喜歡這位校長，也敬重他，這校長卻顯然深受「兄弟規範」的社會化長大。就這個特定例子而言，這位校長因恪守「兄弟規範」而在專業上嘗到後果：一位女教師向當局提出性騷擾之訴，校長受到懲戒。

校長的領導能為所有人打造專業而彼此敬重的校園氣氛（或者不）。就上例而言，在那校長受懲戒前，若一名八年級女生控訴同校八年級男生對她性騷擾，恐怕不會被當一回事！

打破「兄弟規範」、促進男孩健康的情緒發展，不代表要把校園變得「溫暖舒適」，而是要打造一個師生都受到尊重之處。而那往往必須挑戰「兄弟規範」。若當初那位校長能發揮領導角色，向男教師質疑「兄弟規範」，而非跟著應和，那會產生多麼深遠的影響（一般而言，男人面臨「兄弟規範」受到挑戰似乎只有兩種反應：要不鬆一口氣，要不充滿戒心）。

校園改變「兄弟規範」。不遵守「兄弟規範」的校園會是什麼模樣？校長可讓大家知道，男孩無須依照「兄弟規範」。最佳做法是提供男孩其他規矩。讓教職員和學生都非常清楚：「男孩就是男孩」沒關係（但不可以表現的像是性慾亢進，例如說鹹濕笑話、性騷擾他人等）；男孩發火沒關係（但不可以用暴力表達怒氣）；男孩有權感到害怕或軟弱（但不可以因為他們如此便加以譏笑）；當個好運動員沒關係（但不必永遠當贏家）；男孩跟別人不相上下沒關係（不必硬要當全能）；最後，絕不可以霸凌其他男孩或女生。霸凌不僅貶抑對方，也貶低自己。

若校園「從上往下」真正崇尚彼此尊重，男孩的情緒會跟女孩的一樣旺盛發展。不管哪所學校，校長的領導（男女皆然），決定是「兄弟規範」還是人性當道。

懂得尊重的教練

教練的角色因人而異，部分要看男孩投身的運動性質；是玩票性質的社區隊伍、認真一點的校隊，還是志在奧林匹克或走向職業道路？教練的角色也就各自不同，從休閒時光的協調者，到技術顧問，到父親角色／導師。男孩對其運動愈是嚴肅看待，就愈重視教練給予的技巧知識、激勵與紀律。

對所有男孩而言，無論運動本身的嚴肅程度，所有的教練與運動員關係都有其共通點，其中之一關乎教練品質。我對「好」教練的定義是：一位好教練，能完全掌握該項目所有技巧，以尊重而非羞辱鼓舞他帶的運動員。在帶男孩時，以尊重而非羞辱這點格外重要，如此才可能改變「兄弟規範」。

運動與「兄弟規範」

教練可能會傾向高舉「兄弟規範」，因為那「不計代價取勝」的態度似乎能帶來更多勝場。「兄弟規範」也讓肢體攻擊合理化，那是足球、曲棍球、拳擊、籃球場上的常見景象。相對地，運動賽事似乎也影響著「兄弟規範」（不嚐苦頭，何來甜頭）。教練自己愈遵從「兄弟規範」，就愈可能強化某些運動的攻擊面向。

「兄弟規範」與男孩跟教練關係中另一個共通點密切相關。運動是通往男子氣概的道路，因此，教練以其言行讓男孩意識到何謂男子氣概。而當男孩違反了「兄弟規範」，他們會以微妙跟不那麼微妙的方式加以羞辱。微妙方式就是對男孩的情緒和需求保持沉默，置之不理，漠視男孩的經歷。直接方式則是以言語羞辱，說男孩娘娘腔或打球像個女生一樣。無論何種方式，當教練告訴男孩，他們的情緒跟基本需求不重要，那就強化了男孩要更像機器而非人的概念。

在運動的框架內，「強悍」哲學從教練立場是可以理解的，希望不計代價拿下比賽。然而對男孩而言，若沒人向他解釋，強悍只有在比賽時可以，到了場外不再適合；比賽只是比賽，輸了也並非世界末日，則「強悍」態度有可能變成一種麻痺、解離或砍掉情緒的體驗。

身為男孩榜樣，給教練的話

男教練另一個明顯影響在於性別榜樣。男孩仔細觀察，有樣學樣。你滿口詛咒，他們就覺得詛咒沒關係。你一發火就動粗，他們就覺得那樣沒關係。你總嘲笑女孩或提到女孩就開黃腔，他們也覺得這樣可以。你要他們不計代價取勝，那將變成他們眼中唯一。這一切，全是「兄弟規範」的變奏曲。

想想其他選項。你可以教給男孩有別於「兄弟規範」的東西，比較健康的東西。你可以談論男孩情緒，並運用他們的感受激勵他們。你可以推崇比賽，但無須把對手塑造成必須殲滅的敵人（而你的隊伍依然能贏）。確實，一流學校的菁英教練，非常了解怎麼運用運動員情緒去強化表現。那跟「兄弟規範」非常不同，後者忽視情緒，尤其把恐懼踩在腳下。絕對可以用一種尊重男孩情緒——包括恐懼、競爭意識、求勝心態——的可敬方式求勝，卻不會把男孩變成不感覺痛或飢渴的機器人，高度專注絕對有別於麻痺感覺。教練必須開始關切男孩情緒，以建設性的方法加以發揮，男女教練皆然。

能進行實質檢查的醫師

我們都知道，過去幾十年來，醫師的角色在美國有了巨幅改變（我還記得六〇年代我們的家庭醫師仍會登門出診）。現在跟醫師的接觸不比往日密切親近，上門看診的極少，門診時間也很短。這種改變也影響了醫病關係。儘管如此，當醫師與男孩相處，就擁有男孩整個注意力。而就像男孩生命裡的其他大人（祖父母、師長、教練），如果你是男性，你自動成為男子漢榜樣。這些因素加在一起，使醫師成為男孩生命中一股持續的影響（有助於鬆脫「兄弟規範」控制男孩的影響），尤其在情緒發展方面。

醫師對男孩情緒發展很重要

家庭醫師或小兒科大夫，可能是最接近男孩的醫護專家（除了牙醫及皮膚科醫師），這多少也是因為某些地區對於看精神科仍有忌諱之故（尤其男孩與男人），於是，一般醫師可能就成了唯一能進行「精神健康」檢查的人。第七章的情緒阿普伽評分表，可作為評估男孩整體情緒健康狀態的參考。情緒和身體健康有著重要關聯，行為醫學及小兒科醫師在面對病患時，確實非常仔細地評估這些相關性。

若一個求診的男孩提出一些模糊的症狀，像是：不舒服、胃痛或頭痛、睡眠或飲食障礙、注意力欠缺或過動問題，記得要問他是否因任何事情感覺焦慮、害怕、傷心或憤怒。我無法細數有多少男孩把非常澎湃的情緒鎖在自己心底，這些被壓抑的感受，常隨著他們表達情緒的能力提高，化作身體症狀出現。這在父母離婚或再婚的男孩身上很常看見，父母正考慮離婚或再婚的男孩也是。

簡單說，無論什麼年紀的男孩來求診，無論是因為某種不適或單純做個健康檢查，醫生都應幫他們做一下「情緒檢查」。如果發現這男孩的情緒快要不見或已經完全消失，就鼓勵他談談他的感受，之後並也鼓勵他的父母／照護者在家多跟他進行這類談話，推薦這本書或跟校園諮商、私人諮商進行輔導。當醫師詢問男孩感受如何，這些感受就登上檯面，否則只有被所有人忽略。或許，醫師在整個社會的影響力從來未曾稍減？

宗教及心靈領袖的帶領

幾年前我參加一個關於情緒自我療癒的專業訓練。第一位講師是個印第安領袖，她熱切地描述她父親——一位印第安酋長。當中她說到，這位了不起的男人從來沒生過氣，從來沒有。我坐在下面想著，他一定曾感到憤怒過，畢竟他是有血有肉的人；他這位忠誠的女兒想說的應該是，她從沒見過父親因生氣而出現攻擊性。遺憾的是，許多不同宗教也都在傳遞這個錯誤訊息：感到憤怒是不好的（把憤怒跟攻擊混淆在一起）。不用說，我心目中健康的情緒自我療癒，應該要重視憤怒帶給我們的訊息。

宗教組織可如何看待情緒？

情緒常遭誤解，就像上例中的憤怒與攻擊。看宗教派別，恐懼或憤怒有可能被視為有罪與軟弱。成年的基督徒、猶太教徒、回教徒或佛教徒，或許能理解「人類弱點」的抽象意義，年輕男孩卻在具體（concrete）思考的年紀，他們只聽見害怕或恐懼是不好的，他們也聽見不好就是軟弱或有罪，他們聽見這些概念，可能就毫無條件地全盤吸收。基於認知發展尚未成熟，年輕男孩思考偏向非黑即白。當他們想著流露情緒是有罪的，擔心成為罪人的念頭，即可能促使他們斬斷感受，幾乎就跟遵守「兄弟規範」一樣那麼確實。

宗教領袖可在男孩生活裡扮演許多角色，他們可以是榜樣，能幫助男孩以信念看待經歷，能在男孩需要時提供關懷，能帶領他們走向靈性。但在男孩的情緒層面，也許精神領袖能做的最重要一件事情是：協助男孩讓健康、自然的情緒，跟靈性發展結合在一起。

把情緒藏在影子裡。你可能看過成年的宗教領袖，把自己的天生需求和情緒藏在身後影子裡，作為應付自身世俗缺陷——那些「軟弱」情緒——的辦法。為了在此塵世更加虔誠，這些人忽視了原有情緒，導致這些天生的人性需求，不當表現為傷人舉止和成癮。

我曾輔導過的一名二十六歲男子，從小成長於一個十分保守的基督教家庭。他從十七歲開始沉迷於色情。這項成癮帶給他的罪惡感，強烈到他在這期間始終無法看到自己任何優點，只看到一個軟弱的罪人。

我們探索，當他開始看色情刊物時，在他的世俗世界發生了什麼事，他坦承那時父母的離婚讓他深感悲傷憤怒與迷惘，他從未向人提起這些強烈感受，他從小學到要「超越」情緒，向上帝禱告，尋求幫助。

我一點也不懷疑禱告有幫助，也會產生奇蹟，而我也很清楚，深陷巨大痛苦的那個男孩，也需要世人安撫他的世俗情感。有人可能會說，上帝或神祇回應祈禱的一種重要途徑，便是透過人助。然而這男子的陷溺色情，顯然卻是他的情緒需求沒受到照顧的跡象。

不管宗教信仰的教義如何，男孩在探索神性的道路上，情緒必須是他們人性的健康一環，這點非常重要。太多時候，人性跟靈性不能並存。至少，那是某些還無法抽象思考的小孩對某些靈性問題的解釋。要讓男孩知道，情緒是他們在世為人非常基本、非常重要的一環。

扮演「情緒偵探」的治療師與諮商顧問

我常跟孩童自我介紹為「感覺的醫生」。這不是我原創的概念，其他治療師也這麼做的。但我不只是因為這麼講很有趣，我是出於真心。身為心理治療師，我認為一個主要角色就是去肯定人們的感覺。這種肯定可透過幾種方式，分別敘述如下。整體而言，在整個治療過程中，我專注投入於孩童與其家人的情緒。

肯定男孩情緒

男孩的情緒太常被我們的文化否定，原因之前已討論過；因此，心理輔導要能肯定他們的情緒，顯得格外重要。基本上，那包括幾個步驟：協助男孩辨識及指認情緒，協助他向我和他信賴的人（父母、朋友、老師等）表達那些情緒，這是輔導男孩常見的目標。

下個層次是教導男孩認識，這個社會通常怎麼忽視他們的感受，男孩因為表現情感而怎麼受到懲罰或譏笑。基本上就是在探討「兄弟規範」。繼而我會再跟男孩討論，該如何應付這些不想要有感覺、尤其不能表達感覺的壓力，但不必變得漠然無感或放棄感受真實情緒。

評估治療。治療師在為男孩進行評估及治療時，不妨讓自己變成「情緒偵探」。任何年紀的男孩具有攻擊性，我會尋找恐懼、憤怒、哀傷、「受傷」等主要情緒。任何年紀男孩的顯出憂鬱症狀，我會尋找這些情緒。大一點的（青春期）男孩有權利被剝奪等問題，我仍尋找這些情緒。即便比較複雜的疾患，像創傷後壓力症候群或強迫症，我還是尋找背後這些基本情緒，這些未能充分表達、沒被妥善處理而拐彎溢出的情緒。

另一種探索或只是談談男孩感受的方式是，運用「巨大」、「有力量」等形容詞來描述與肯定他們的感受，尤其痛苦感受。我甚至也這麼對待成人。像「巨大」這樣孩子氣的字眼，頗能打開男孩小時便冰封起來的感覺；「有力量」可觸動男孩興起能掌握自己情緒之念。

處理男孩情緒的一個全面手法，是我發展出來的臨床途徑，叫做認知—情緒—行為治療。顧名思義，這種治療包含三個層面的評估介入：思考、感覺、行為。從哪裡切入都可以，只要三方面都納入治療計畫即可。

一般來說，我會先從男孩最明顯的區塊（他自覺程度最高之處）開始，從這裡展開探詢。我總發現這是循環性過程而非線性。舉例來說，一個十三歲男孩可能自知有霸凌行徑，卻毫無頭緒自己為何老找妹妹麻煩（認知層面）、哪些感受引發這些行為（情緒過程）。面對這樣的男孩，我會先多了解他的行為，再幫助他認識他的霸凌舉止、情緒需求、思考模式之間的心理關連。若第一次不能找出關聯，我們就來回不斷嘗試（循環性過程）直到找出為止。然後我們做出計畫，要改變問題行為，也同時解決認知和情緒上的狀況。

若直接對話不能找出解決辦法，我就使用其他方式，像是遊戲治療（對幼兒）、要求男孩在輔導會面之間寫日記、請家人加入諮商。如前所述，你可能發現自己一直在整個認知—情緒—行為治療過程來回，但這來回是件好事，讓你能回頭連上之前的訊息或內容。希望治療師與諮商師能思考採取類似這方法的多面向治療，不要只鎖定一個層面，例如只專注於思考或行為或情緒上。找出男孩情緒連結的認知與行為，會是治療的重要收穫，因為男孩很難在其他時候獲得這種經驗。

家人情緒。本書不斷強調，男孩父母及周遭文化深深影響他們的情緒表達。因此，當你輔導小孩，其實也在輔導整個家。治療師、諮商師必須審視這個家的情緒如何表達（或不表達）。你知道，父母往往選擇漠視兒子的感受，就怕他因此變得娘娘腔。或者他們設法把兒子「鍛鍊強悍」，好能應付「真實世界」。務必記住，許多父母、手足在家也不流露情緒的。要幫助男孩表達情感，一定要改善整個家的情感表現。

父母能幫忙兒子表達情感，這個觀念解釋地愈簡單，父母愈能接受。治療師也許會覺得第七章（寫給父母）的細部參考頗有幫助，但一般而言，你要確保父母至少要了解三個重要技能：

一、父母必須明白，男孩的情緒真實不虛，非常重要（概論參考第一章）。

二、男孩要能夠向爸媽指認與表達自己的情緒，才會健康。把男孩情緒鏡射回去、父母以身作則表達情緒、直接問男孩他們做何感受，都是能辨識情緒、表達情感的範例。

三、父母要能以健康方式回應男孩的情緒，切勿引發「兄弟規範」制約的羞恥感。「我能理解」或「我懂你的感覺」，用這兩句回應，效果很好，屢試不爽。

我輔導過一些父母，聽到第一、二點時都點頭如搗蒜，等第三點講完便面有難色。勇敢的爸媽會問我，要如何回應男孩的情緒。我記得一位父親，急切地想協助陷入憂鬱的十歲兒子。我曉得爸媽往往不知道該跟兒子說什麼，通常我就給上面那兩句話（「我能理解」，「我懂你的感覺」）。愈簡單明瞭，父母愈能應用。

預防與介入。蘇珊．吉伯特（Susan Gilbert）的著作《男女孩指南》（*A Field Guide to Boys and Girls*）中，為父母全面羅列出近十年有關性別與性的研究。她打消了之前那種看法（和研究）：女孩比男孩容易有憂鬱症。事實上，男孩一樣容易，只不過他們擅長隱藏。林奇與克馬汀合著的《面具下的痛苦：跨越陽性憂鬱症》，就在描述成年男性這種光景，應該要有類似的書，寫給男孩。

男孩往往不直接表達憂鬱症之前的情緒，也不會說「我很憂鬱」來說明處境，這使他們在憂鬱症的發作程度更加不利。首先，他們缺乏能預防某些憂鬱的經驗，也就是聊聊那些「重大」感受：悲傷恐懼，憤怒受傷。第二，他們以各種面具隱藏情緒：愚行、攻擊、易怒或者過動。治療師治療一名男孩時，等於同時在介入和預防。若男孩此刻療癒了（介入），也從此學會將情感表現出來，那麼此後的身心問題也有很大機會得到預防。

衡量進展。追蹤男孩的情緒發展，常是評估他們治療狀況的可靠指標。你可以採用梅爾與沙洛維的情緒智力技能表（見第一章）。我通常是藉著下列項目來確認男孩治療後的進展，尤其在情緒發展方面（註：以下各項除非特別註明，皆適用各年齡的男孩）。

★他在諮商時跟在家裡是否有直接表達情緒（三歲以下也許感情詞彙較少，但只要學過，仍能以語言指認感受）？
★可有一位能傾談所有心事的朋友？
★對自己可有同理心（四歲以後較容易從行為得知）？
★對他人可有同理心（四歲以後較容易從行為得知）？
★能否調整或控制脾氣？
★能否調整或控制興奮之情？
★有對他人做出呵護之舉嗎？

這清單自然並不完整，但若所有答案幾乎都是「是的」，那我會說，這男孩的情緒發展已出現長足進步。如果父母在家能維持下去，兒子情緒發展的持續進步絕對是意料中事。

指引後輩的導師

導師是透過自己生命歷練指引後輩（年紀較輕、資歷較淺）的人。這些生命歷練也許是專精某項技能（工作或職涯），也許是走過一段關係或生命階段。導師可以是正式的、受過專業訓練的成人，與受教後輩定期會面；也可以是志工或有酬擔任此職，也許是老師、教練、鄰居、大學生。基本上，任何人都能擔任男孩導師。在九〇年代，美國很多學校、社區心理衛生所、社服單位，都開始建議為有需要的幼童及青少年提供正式導師，尤其為那些身邊沒有父親的男孩。我居住這一郡的防治局便有以男孩為目標的導師方案，名為「男孩對男人」（Boys to Men）。全美各地都有類似方案。

固定時間的正式導師也好，非正式導師也好（鄰居、家庭友人、阿姨姑姑舅舅叔伯等），你都可以是影響男孩情緒發展的重要力量。你很可能是男性，因為多數（但不是所有）導師是依照性別安排。如果你身為男性，請務必閱讀此書第一、二章，也想想「兄弟規範」曾如何影響你自己的情緒發展。如果你是志工導師，很可能你已打破一些「兄弟規範」。大多數男孩需要親見、知道一位向「兄弟規範」挑戰的同性榜樣，以獲得力量衝破藩籬。

建議你翻閱有關同理心、憤怒、情緒表達的篇章，每章都有深入探討男孩情緒發展的重要面向。你引導的男孩，可能會選你作為他傾訴重要事情——比方他的感受——的對象。簡言之，做好準備，認真傾聽，肯定眼前這男孩的情緒。為治療師所列的三道步驟也能幫到你。

掌握傳播力的媒體與娛樂圈專業人士

我自問這一段是否應該納入此書，因為它所針對的是企業而非個人。不過，如果這些企業裡的成員能讀到此書，那就值得，因為媒體無所不在：電視、電影、錄影帶、雜誌、報紙……不一而足。對於男孩情緒，尤其在表達方面，媒體專家擁有如此深遠的影響。

媒體專家要如何協助男孩發展健全的情緒？主要方法是這樣：質疑「兄弟規範」，質疑一切狹隘的、讓男孩以為那樣就叫「真男孩」或真男人病態的刻板印象。把這些質疑織入你的劇情、歌曲、頭版報導、實境秀、新聞、廣告。讓男孩情緒成為你的歌詞、腳本、劇中角色的一部分。這麼做對你無傷，實際上，在我們這個文化裡，那甚至是令人耳目一新的行銷切入點呢。

誌謝

首先我要感謝我的出版社「新徵兆」（New Harbinger），能出版一本關於男孩情緒的書。這個重要課題已有很多傑出著作，我感謝「新徵兆」信任我能挹注更多價值，尤其要謝謝自始堅信此書的克莉絲汀·貝可（Kristin Beck）和凱瑟琳·薩科（Catharine Sutker）。

我有幸與一群不凡醫師共事十多年，同屬維吉尼亞州艾許藍市（Ashland）漢諾威（Hanover）縣立社區服務（County Community Services）的兒童與青少年團隊（Child and Adolescent Team）。他們的專業、對兒童情緒的洞見，幫助了數千名兒童及其家庭；他們專業的諮商與支持，同樣讓我獲益無窮。當這個團隊在我離開時送了風鈴做紀念，我立刻把它懸掛在我書桌旁，每有風過，便吹來陣陣鼓舞。感謝芭芭拉·史密斯（Barbara Smith）、凱倫·萊斯（Karen Rice）、凱羅·休斯（Carol Hughes）、盧欣達·隆恩（Loucinda Long）、派特·波塞爾（Pat Purcell）、珍·尤里娜（Jane Yurina）、艾莉森·西伯里（Allison Sibley），和這團隊之友：道特·李文斯頓（Dot Livingston）、蜜莉·赫克納（Millie Hycner）、黛安·史托瑞（Diane Story）。湯姆·懷特（Tom White）與史都華·卡拉漢（Stewart Callahan），也屬於縣立社區服務這個大家庭（如今依然），對此我深深感懷。

在身兼人母、工作、攻讀博士班那段時期，我曾考慮放掉博士學位；在忙得不可開交的混亂時期，那是一條明智出路。讓我堅持走完的原因之一，是芭芭拉・麥爾絲（Barbara J. Myers）——維吉尼亞聯邦大學（Virginia Commonwealth University）發展心理學系系主任，我的論文指導教授，非比尋常的人生導師。邁爾絲鼓勵我深入我自己對性別及情緒表達的研究，以致有了此書的誕生。

我要向研究男孩運動的先驅們致意：麥可・古里安、威廉・波拉克（William Pollack）、詹姆斯・蓋伯里諾（James Garbarino）、丹尼爾・金德倫（Daniel Kindlon）。特別要感謝古里安為此書作序，並就男子氣概多次賜教於我。我也同樣感謝波拉克審讀初稿及給予此書的支持。

寫作小組的聚會價值斐然，總能給我勇氣出版（此事從來不易）。身為作家的他們，觀點犀利非凡。我衷心感激雷絲麗・萊特（Leslie Wright）、敏蒂・羅伊塞爾（Mindy Loiselle）、芮妮・卡爾登（Renee Cardone）對我的信心。

同為心理諮商師的兩位好友派蒂・阿金斯・諾埃爾（Patti Atkins Noel）和金・傅比・費雪（Kim Forbes Fisher），雖相隔天涯，卻支持不斷；有時是容忍我過短的簡訊或太少打電話，有時是說聲「繼續加油」。她們精神上的情誼讓這一年好過許多——友誼向來如此。

我的父母——艾絲特與安東尼・波斯予以我無邊支持，那只有父母做得到。他們相信我，每天為我祈禱，我深情感激。

當然，沒有那些我有幸與其輔導的男孩們，此書不可能存在。我要為這些男孩喝采，為他們有推翻那些不成文規定的勇氣，並告訴我他們的感受。身為他們諮商師時，他們的故事迴盪我心；當我撰寫此書時，更時時相映。

要怎麼說那世界最棒的「情緒導師」呢？我的孩子蕾秋和摩根是感受專家，她們對自己情緒的敏銳總讓我驚異不已。我要謝謝她們天賦的理解力與時間感。她們深知撰寫此書之重要，卻總能在需要媽媽時勇敢出現。是她們的存在、體貼及勇氣，讓此書成真。

我必須感謝約翰．林奇（John Lynch）——我的人生伴侶，一位臨床心理醫師，最棒的朋友。多虧他幫我撐住「半邊天」，讓我能專心寫作。約翰聰明有創意，不僅自己打破「兄弟規範」，更教導其他男孩、男人這麼做的可貴。我敬重他，感謝他，基於太多理由。

任何書寫計畫幾乎絕非一己能成，此書也不例外。「新徵兆」社內每位員工一路予以支持。感謝艾美．許（Amy Shoup）對封面、書名的敏銳掌握，凱若．漢妮秋奇（Carole Honeychurch）精準的指引和支持。最後，我一定要強調我在「新徵兆」的編輯——凱拉．瑟賽爾（Kayla Sussell）的成就。凱拉的編輯經驗、點字成金的能力，讓此書順利走過最後階段，她的卓見與仔細，是每個作者的夢想。我感謝她出眾的能力，我知道讀者也將因而受惠。

參考書目

American Association of Retired Persons, Grandparent Information Center, 601 E. Street NW, Washington, DC 20049.202-434-2296. Resources for grandparents raising grandchildren.

Bennet-Goleman, T. 2001. *Emotional Alchemy: How the Mind Can Heal the Heart.* Harmony Books. Provides a Buddhist perspective to help adults understand their own emotions which, in turn, can help boys.

Cain, B. 2000. *Double-Dip Feelings: Stories to Help Children Understand Emotions.* Second Edition. Washington, DC: Magination Press. Helps children identify basic and complex feelings. Can be ordered online: www.Maginationpress.com

Childswork Childsplay: A Guidance Channel Company. 1-800-962-1141. Resource for various games, books, and videos on emotional development and health.

Emswiller, M., and J. Emswiller. 2000. *Guiding Your Child Through Grief.* New York: Bantam. A very useful book for helping children express emotions related to loss.

Gurian, M. 1999. *A Fine Young Man: What Parents, Mentors, and Educators Can Do to Shape Adolescent Boys into Exceptional Men.* New York: Tarcher/Putnam. Parents praise this book and its practical "how to" approach.

Mundy, M. 1998. *Sad Isn't Bad: A Good-Grief Guide book for Kids Dealing with Loss.* St. Meinrad, IN: Abbey Press. Another good book written to help children express feelings related to loss.

Neville, H., D. Johnson, and J. Cameron. 1997. *Temperament Tools: Working with Your Child's Inborn Traits.* Seattle, WA: Parenting Press. A practical reference guide for parents who don't want to read an entire textbook about temperament.

Pollack, W. 2000. *Real Boys' Voices.* New York: Random House.This best-selling author has written a second excellent book, filled with what boys have to say about their thoughts and feelings.

Thompson, M. 2000. *Speaking of Boys: Answers to the Most-Asked Questions About Raising Boys*. New York: Ballantine. The co-author of *Raising Cain* wrote this easy-to-read guide.

www.healthemotions.org. This is an excellent database of current brain-emotion-behavior research.

www.nurturingfathers.com. This is a website that is exactly what it states, a resource for fathers who nurture.

BC1068R

男孩情緒教養

引導他好好說話，遠離恐懼、憤怒、攻擊行為

Boy Talk: How You Can Help Your Son Express His Emotions

編　　著　瑪麗・寶絲林區（Mary Polce-Lynch）
譯　　者　劉凡恩
責任編輯　田哲榮
協力編輯　朗慧
封面設計　斐類設計
內頁排版　李秀菊
校　　對　蔡函廷

發 行 人　蘇拾平
總 編 輯　于芝峰
副總編輯　田哲榮
業務發行　王綬晨、邱紹溢、劉文雅
行銷企劃　陳詩婷
出　　版　橡實文化ACORN Publishing
地址：231030新北市新店區北新路三段207-3號5樓
電話：02-8913-1005　傳真：02-8913-1056
網址：www.acornbooks.com.tw
E-mail：acorn@andbooks.com.tw
發　　行　大雁出版基地
地址：231030新北市新店區北新路三段207-3號5樓
電話：02-8913-1005　傳真：02-8913-1056
讀者服務信箱：andbooks@andbooks.com.tw
劃撥帳號：19983379戶名：大雁文化事業股份有限公司

印　　刷　中原造像股份有限公司
二版一刷　2020年12月
二版五刷　2024年 6 月
定　　價　380元
I S B N　978-986-5401-45-0
*原書名：《男孩情緒教養：不失控、不暴怒、不鬧事，明日好男人的養成關鍵》

國家圖書館出版品預行編目資料

男孩情緒教養：引導他好好說話，遠離恐懼、憤怒、攻擊行為/瑪麗.寶絲林區(Mary Polce-Lynch)著；劉凡恩譯. -- 二版. -- 臺北市：橡實文化出版：大雁出版基地發行, 2020.12
面；　公分
譯自：Boy talk : how you can help your son express his emotions
ISBN 978-986-5401-45-0(平裝)
1. 兒童心理學　2. 情緒管理　3. 親職教育
173.12　　109017889